lonely planet

LO MEJOR • VIDA LOCAL • GUÍA PRÁCTICA

NÁPOLES

DE CERCA

ADRIANA MALANDRINO

Sumario

Puesta a punto 4

Murales de Pino Daniele en los Quartieri Spagnoli (p. 68).
MARCO BRIVIO/DREAMSTIME.COM ©

Explorar Nápoles 25

Merece la pena

Guía práctica 176

Imprescindible

Bienvenidos a Nápoles

Érase una vez Nápoles, nacida de una sirena y de su canto desesperado, engrandecida por gobernantes ilustrados y envilecida por tiranos siniestros. Una ciudad donde se pulen calaveras a cambio de protección, porque lo sagrado y lo profano se funden y la muerte está íntimamente ligada a la vida. Una ciudad donde nadie está solo, porque las calles son el escenario de la vida y en los barrios populares se acoge incluso a los extraños. Nápoles, separada del Vesubio, con el que convive en una relación en la que uno no puede estar sin el otro; ofendida por el inframundo, pero fuerte gracias a la resistencia honrada y a la paciencia innata de los napolitanos, que desde niños se nutren de una vitalidad tan extrema como su fe en san Genaro. Una ciudad cuyos tesoros están en la superficie y bajo tierra, una urbe siempre en equilibrio entre el pasado y el futuro, entre el abismo y el renacimiento.

Atardecer sobre Nápoles.
NICO DE PASQUALE PHOTOGRAPHY/GETTY IMAGES

Las mejores experiencias

Bucear en una reserva marina en Pausilypon y Parco Sommerso di Gaiola (p. 110)

Deambular entre tumbas en las Catacombe di San Gaudioso (p. 146)

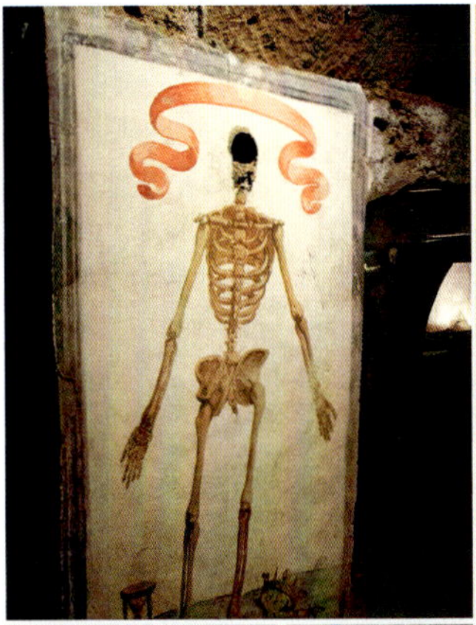

ADRIANA MALANDRINO/EDT ©

Refugiarse en el Complesso di San Gregorio Armeno (p. 36)

DINOPH/SHUTTERSTOCK.COM ©

RAFFAELE AQUILANTE E ALESSANDRO SCARANO/ARCHIVIO MUSEO CAPPELLA SANSEVERO ©

Ver los tesoros del Museo Cappella Sansevero (p. 28)

DYNAMOLAND/DREAMSTIME.COM ©

Adentrarse en la ciudad vieja atravesando Spaccanapoli (p. 30)

Moverse entre arte y naturaleza en el Museo e Real Bosco di Capodimonte (p. 152)

BJANKA KADIC/ALAMY STOCK PHOTO ©

SVILUPPO/SHUTTERSTOCK.COM ©

Atender a las almas en el Cimitero delle Fontanelle (p. 148)

TRABANTOS/SHUTTERSTOCK.COM ©

Contemplar la Basilica e Monastero di Santa Chiara (p. 34)

Explorar el vientre de Nápoles en la Galleria Borbonica (p. 66)

LUCAMATO/DREAMSTIME.COM ©

Admirar colecciones famosas en el MANN (p. 38)

GIORGIO ALBANO/MUSEO ARCHEOLOGICO NAZIONALE DI NAPOLI ©

RYZHKOV OLEKSANDR/SHUTTERSTOCK.COM ©

Disfrutar de las vistas desde Castel Sant'Elmo (p. 130)

INU/SHUTTERSTOCK.COM ©

Descubrir la Chiesa del Gesù Nuovo, tras la fachada (p. 32)

'Pizza' y comida callejera

Ya sea frita, a portafoglio *(doblada en cuatro y envuelta en papel para comerla por la calle), con borde relleno, con masa ligera,* marinara *o* margarita, *la pizza es la comida tradicional por excelencia de los napolitanos. Además, se puede saborear a un precio razonable: todos en Nápoles tienen derecho a una pizza. Y también a* crocchè *y* cuzzetiello.

SIMONA FLAMIGNI/SHUTTERSTOCK.COM ©

'Marinara' y margarita

Son *pizzas* tradicionales, ajenas a las modas y que no cansan nunca. Algunos locales históricos solo sirven estas dos especialidades. Cocinadas en horno de leña, redondeadas, con un diámetro que no supera los 35 cm y el borde hinchado: así se distinguen de cualquier imitación.

'Pizza a portafoglio'

También llamada *pizza a libretto,* es más pequeña que la *pizza* en plato, barata, y se sirve doblada y envuelta en papel para comer mientras se pasea.

'Pizza' frita

Nació como una alternativa a la *pizza* tradicional, incluso más económica: se fríe, se hincha y sacia con solo mirarla. Era la comida de los más pobres, pero sin renunciar al sabor, cocinada en los *bassi* (pequeñas viviendas) y pagada al cabo de una semana. Con tomate reluciente, mozzarella o ricota y *cicoli* (chicharrones de cerdo), es todo un plato de culto.

Borde relleno

Como si la *pizza* no saciara lo suficiente, alguien inventó el borde relleno. Incluso los que normalmente no se lo comen, cambiarán de opinión.

Comida callejera

Económica y disponible a todas horas: *crocchè* (croquetas) de patata (foto), *arancini,* tortillas de pasta, *cuoppi* (conos) de fritos...

Tradicionales

En **Da Michele** (p. 55) se pide *marinara* o margarita. La *pizza* en estado puro. La *marinara* lleva tomate, ajo y orégano.

DIPUNTO STUDIO ©

Fritas o 'gourmet'

Las de **Masardona** (p. 56) son un derroche de olores y colores. En **Zia Esterina Sorbillo** (p. 83) hay que estar preparado para hacer cola.

La ligera *pizza* de Ciro Salvo en **50 Kalò** (p. 123; foto) mira siempre al futuro.

'Cuzzetiello'

La parte final del *tosco bollo* de pan sirve de retención; dentro hay de todo. Se come en **O' Cuzzetiello** (p. 57).

'Crocchè' y caprichos

Di Matteo (p. 55) es una garantía: siempre se encontrarán *crocchè* calientes para alegrar el día.

El té de los napolitanos

Según la sabiduría popular napolitana, *O purpo s'adda cocere cu' l'acqua soja* ("el pulpo debe cocinarse en su propia agua"); es decir, hasta el más arrogante, tarde o temprano, acepta un buen consejo. En cuanto al pulpo, se hierve en 33 litros de agua durante 33 min. Pero pocos saben que el agua de cocción del pulpo es un manjar propio de la comida callejera. Una taza humeante con la *ranfetella* (tentáculo) del pulpo solía venderse en la calle por unas monedas. Entre los que todavía elaboran *'o bror'e purpo* en invierno está el quiosco **'O Mericano** de Raffaele, en Via Foria, en el cruce con Via Cavara; es un refugio de lo auténtico.

Museos y arquitectura

La abundancia, importancia y riqueza de las colecciones, el prestigio de los edificios y la singularidad de los tesoros de los museos de Nápoles casi abruman. Hay que tomarse su tiempo, aunque sea un día entero. El resultado es enriquecedor e ilustra el pasado glorioso de la ciudad, lleno de grandeza y esplendor. Pero el presente no se queda atrás.

MAURIZIO ESPOSITO ©

Arqueología y arte en palacios

El **MANN** (p. 38), con su extraordinaria recopilación de objetos romanos y del Vesubio y su gran colección egipcia, se encuentra en el monumental Palazzo degli Studi. Los espléndidos salones del **Palazzo Reale** (p. 72), residencia histórica de los virreyes españoles en Nápoles entre los ss. XVIII y XIX, están repletos de obras de arte. Y la residencia real del **Museo e Real Bosco di Capodimonte** (p. 152) alberga desde arte antiguo hasta contemporáneo.

Arte contemporáneo

Nápoles sabe mirar hacia la actualidad. Y lo hace con resultados sorprendentes en el **Museo Madre** (p. 50), repleto de obras de artistas de nuestro tiempo. También son interesantes el **Museo Hermann Nitsch** (p. 68), un museo-archivo-taller, y la **Fondazione Morra Greco** (p. 59; foto).

Arte sacro

La colección de arte sacro del **Complesso Monumentale Donnaregina** (p. 50), el imprescindible museo diocesano de Nápoles, tiene una gran importancia. Asimismo son apreciables las dos iglesias adyacentes que completan el conjunto artístico. No se puede dejar de visitar el **Tesoro di San Gennaro** (p. 46) para entender la devoción del pueblo napolitano por su santo patrón.

Las etapas imprescindibles

La visita al *Cristo Velado* en el **Museo Cappella Sansevero** (p. 28) y la subida a la **Certosa y Museo di San Martino** (p. 134). Las tres obras de Caravaggio: una en Capodimonte, la segunda en las nuevas **Gallerie d'Italia Napoli** (p. 75), con una prestigiosa puesta en escena, y la tercera en el **Pio Monte della Misericordia** (p. 49).

Todos a la playa

El mar de Nápoles ha inspirado canciones, suspiros y poemas. Su relación con la ciudad es simbiótica. Sin embargo, no hay largas extensiones de sombrillas y tumbonas: el mar de Nápoles se compone principalmente de vistas de postal, rocas desde las que zambullirse valientemente, pequeñas calas que descubrir en kayak y escaleras para bajar a nadar.

ADRIANA MALANDRINO/EDT ©

Para todos

Mappatella Beach (p. 92) Esta franja de arena en el centro de la ciudad es muy apreciada por los napolitanos. Se respira una atmósfera popular y el acceso es gratis. Todos se conocen y cargan tumbonas, sombrillas y la *mappata*, las provisiones envueltas en un paño.

Aguas azules

En Gaiola hay un número limitado de plazas, pero es mejor así. De esta manera se puede preservar la belleza del **Parco Sommeso di Gaiola.** Quien desee ir a ver la ventanita de **Marechiaro** (p. 115) puede aprovechar para darse un baño en el pequeño pueblo costero de Posillipo.

Prístina

La **Baia di Trentaremi** (p. 115) puede descubrirse desde el Parco Archeologico Pausilypon o en kayak. En cualquier caso, hay que tener cuidado para no molestar a las aves migratorias. Es un verdadero espectáculo.

Cómoda

A los pies de Posillipo, con todos los servicios, **Bagno Elena** (p. 119) ofrece vistas al Palazzo Donn'Anna.

Fotos insuperables

Si se desea ver el mar desde las alturas, el **Belvedere di Sant'Antonio a Posillipo** (p. 118) ofrece una de las vistas más románticas: la ciudad, el Vesubio y el mar. También se pueden tomar buenas fotos en el **Parco Vergiliano** (p. 118), lugar de peregrinación para los amantes del poeta, y en el **Parco Virgiliano** (p. 120), desde donde se ve el islote de Nisida. No hay que perderse las vistas desde el **Castel Sant'Elmo** (p. 130) y la **Terrazza dell'Eremo di Camaldoli** (p. 141).

Artesanía napolitana

A los napolitanos les encanta seguir haciendo las cosas a mano, con métodos artesanales y amor por el detalle. Esto es lo que hace única la experiencia de ir de compras en Nápoles. Y luego están los artesanos, que cuentan los secretos de su oficio y la alegría de transmitirlo. Más que comprar, es toda una experiencia.

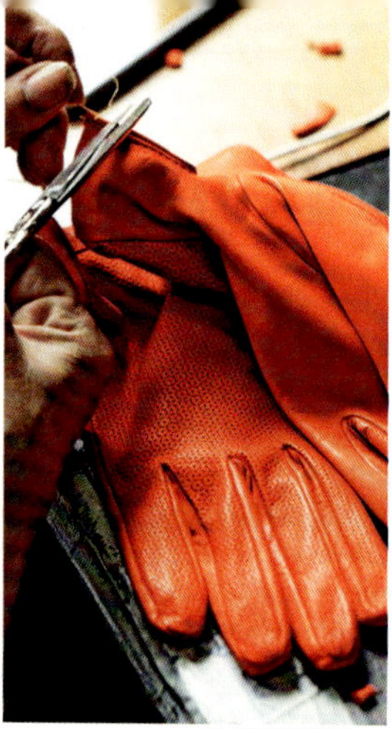
ROBERTO SALOMONE ©

Los Scuotto

Los hermanos Scuotto, en su taller **La Scarabattola** (p. 60), dan vida a expresivos Polichinela, pastores y personajes de la cultura popular partenopea. Hay que fijarse en la riqueza de detalles de sus espléndidas creaciones.

Joyas

Las joyas de Martina Ciao, en **Aretè** (p. 61), proceden de una mente creativa en continua evolución. Y hablan de Nápoles y su historia.

Cuernos de la fortuna

Aunque no se sea supersticioso, no se debe dejar Nápoles sin comprar un amuleto en forma de cuerno en **Cosmos** (p. 61).

Belenes

Un pastor de los **Ferrigno** (p. 63) no pasa desapercibido en un belén: pocos igualan la cuidadosa elaboración artesanal de sus piezas.

Coral

En el **Museo del Corallo Ascione** (p. 84) se puede conocer la historia de la elaboración del coral de este local antiguo y comprar alguna hermosa joya.

Corbatas

Las de **E. Marinella** (p. 104) son famosas en todo el mundo, pues las llevan jefes de Estado y estrellas. ¿Quién no querría tener una?

Guantes

Omega (p. 168; foto), en la Sanità, consigue que los visitantes se enamoren de este antiguo oficio. Los guantes son tan hermosos que dan ganas de coleccionarlos.

'O Scartellato

En la *smorfia* (guía para la interpretación de los sueños) es el número 57. El jorobado, *'O Scartellato*, es una figura mítica que se ve en todas las tiendas de artesanía. Tocarlo da suerte, pero mejor si es una figura masculina.

'Forza Napoli' y mucho más

Nápoles siempre está de fiesta: a cualquier hora del día o de la noche hay gente en la calle, junta y compartiendo la vida. La dimensión social es muy fuerte. Sin embargo, hay acontecimientos más arraigados que otros, como algunos ritos religiosos, la afición por el fútbol e importantes eventos culturales característicos de la ciudad. No hay tiempo para aburrirse.

RYSZARD PARYS/DREAMSTIME.COM ©

Fútbol

Ver un partido del Nápoles es una experiencia única. La ciudad se para y todos van en procesión al **Stadio Diego Armando Maradona** (p. 126).

Fiestas religiosas

Otro acontecimiento que revoluciona la ciudad es la **Festa di San Gennaro,** patrón de Nápoles, que se celebra el 19 de septiembre, fecha de su martirio. Suspendida un par de años a causa de las obras en la iglesia o por la pandemia de la covid-19, el 15 de julio sigue siendo el día de la **Festa del Carmine,** con un simulacro de incendio en el campanario de la Chiesa di Santa Maria del Carmine (p. 58).

Festivales

Entre los acontecimientos culturales que caracterizan el verano napolitano está el **Campania Teatro Festival** (campaniateatrofestival.it), referencia internacional para amantes de las artes escénicas que se celebra en varios puntos de la ciudad. En octubre tiene lugar el **Edit** (editnapoli.com), con tres días dedicados al diseño independiente y de autor. Para saber más sobre los festivales, se puede consultar la sección "Proyectos" de la web de **Scabec** (scabec.it), empresa de la región de Campania para la promoción del patrimonio cultural.

No solo libros

Una librería y algo más. **The Spark Creative Hub** (facebook.com/TheSparkCreativeHub) es un espacio para los amantes de la cultura, el diseño y las artes en general donde se organizan numerosos eventos.

Open House

Este **festival** (openhousenapoli.org) totalmente gratuito permite acceder a espacios normalmente cerrados al público y que vale la pena descubrir.

Bajo tierra

Visitar Nápoles también significa adentrarse en sus entrañas, caminar por túneles y bajar escaleras, ver cisternas, tumbas, frescos y lugares donde se cuenta la leyenda de los munacielli. *Extraer toba, arrojar escombros y basura, refugiarse durante la guerra: siempre había razones para excavar la tierra.*

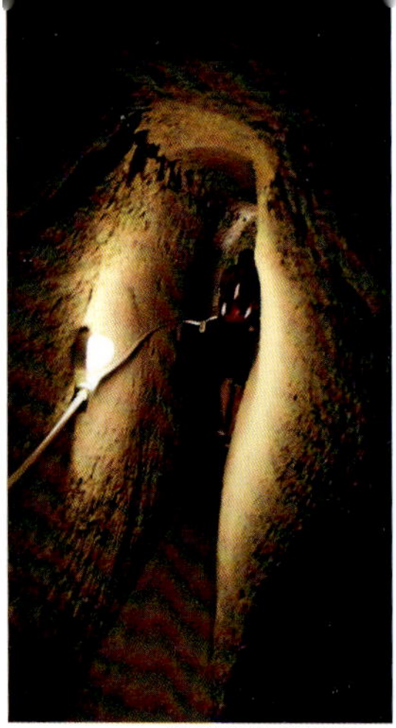

ADRIANA MALANDRINO/EDT ©

Galleria Borbonica

Bajo la colina de Pizzofalcone, Fernando II de Borbón hizo construir un largo túnel subterráneo por el que escapar en caso de disturbios. Hoy en día existen diferentes recorridos de la **Galleria Borbonica** (p. 66) que se pueden visitar, desde los más aventureros hasta los tradicionales.

Catacombe di San Gennaro

Las **Catacombe di San Gennaro** (p. 160) son las más extensas de Nápoles: un verdadero laberinto por descubrir con guías autorizados, repleto de sorpresas y de historia.

Catacombe di San Gaudioso

Considerado uno de los espacios subterráneos más sugerentes de Nápoles, en las **Catacombe di San Gaudioso** (p. 146) se pasea entre tumbas particulares que esconden las historias de quienes podían permitirse ser enterrados aquí. Y también la de un artista que pintó los frescos de la catacumba sin cobrar a cambio del privilegio de pasar la eternidad entre sus muros.

Napoli Sotterranea

Un viaje a través de la historia, entre túneles estrechos y cisternas: esto significa visitar **Napoli Sotterranea** (p. 45; foto). Hay que llevar algo de abrigo y quienes sufren claustrofobia deben evitar los pasajes más estrechos.

Ipogeo dei Cristallini

En Nápoles se ha ampliado la oferta de espacios subterráneos, sobre todo en la Sanità, gracias a la apertura del antiquísimo **Ipogeo dei Cristallini** (p. 162; ipogeodeicristallini.org), de época helenística.

Ópera, teatro y cine

ADRIANA MALANDRINO/EDT ©

Del Polichinela de Antonio Petito a los personajes de Eduardo Scarpetta, como Felice Sciosciammocca; de los personajes populares de Raffaele Viviani a los hermanos De Filippo; de Totò al drama. Y tantas cosas más. El teatro tiene una larga historia en Nápoles, donde todo es teatro e incluso está presente en la vida cotidiana.

El rey de los teatros

Se impone a todos por su belleza, por la importancia de los artistas que pisan sus escenarios y por su historia. La historia del teatro de Nápoles pasa por este templo de la ópera y el *ballet* famoso en toda Europa, el **Teatro di San Carlo** (p. 84).

Bellini y Nuovo

Inaugurado en 1878, el **Teatro Bellini** (p. 59) actualmente conserva su antigua sala, donde es un placer sentarse a contemplar espectáculos y títulos de calidad, con un programa interesante. El **Teatro Nuovo** (p. 83), en los Quartieri Spagnoli, es, en cambio, una referencia de contemporaneidad, gracias a artistas de contrastada trayectoria.

El Mercadante

Gestionado por el Teatro Stabile de Nápoles, el **Teatro Mercadante** (p. 83) del s. XVIII alberga en su elegante sala obras clásicas y contemporáneas.

La casa de Eduardo

El **Teatro San Ferdinando** (p. 59) es el teatro de Eduardo De Filippo, templo de la dramaturgia napolitana, una sala histórica donde aún hoy pueden verse representaciones clásicas, danza y teatro contemporáneo.

Películas rodadas en la Sanità

Pero no todo es teatro. Numerosas películas se han rodado en Nápoles, varias de ellas en Sanità, como *El oro de Nápoles* (1954), de Vittorio De Sica, *La piel* (1981), de Liliana Cavani, y *Passione* (2010), de John Turturro. *Nostalgia*, de Mario Martone, se estrenó en el 2022, se rodó en Sanità y se presentó a concurso en Cannes.

Cuatro días perfectos

Día 1

SIMONE FLORENA ©

Disfrutando del sol y de la alegría caótica que regala Nápoles, toca planificar el día. En primer lugar, hay que descubrir el centro histórico y sus tesoros, desde el **Museo Cappella Sansevero** (p. 28) hasta el **Duomo e Tesoro di San Gennaro** (p. 44; foto), cuna de la devoción popular por el santo patrón. Tras un delicioso descanso con la excelente comida callejera napolitana en **Di Matteo** (p. 55), hay que sumergirse en las joyas arqueológicas del **MANN** (p. 38) y luego despejarse con unas compras en **Spaccanapoli** (p. 30) y **Via dei Tribunali** (p. 40). Para cenar se puede optar por la pizzería tradicional **Da Michele** (p. 55) o un aperitivo por la zona antes de un cóctel en **Nick & Nora** (p. 59) y una velada en el **Teatro Bellini** (p. 59).

Día 2

DAVID SOANES PHOTOGRAPHY/GETTY IMAGES ©

Entre la **Piazza del Plebiscito** (p. 74; foto) y el suntuoso **Palazzo Reale** (p. 72) hay mucho que ver y fotografiar, antes de adentrarse en la historia en el **Castel Nuovo** (p. 76) y descender a las entrañas de Nápoles en la **Galleria Borbonica** (p. 66). Si se abre el apetito, **Da Zia Esterina Sorbillo** (p. 78) es famoso por su *pizza* frita. Luego hay que pasear por las callejuelas llenas de vida de los **Quartieri Spagnoli** (p. 68) para descubrir la verdadera alma de Nápoles entre murales y *bassi*. Hay que reservar tiempo para visitar la **Gallerie d'Italia Napoli** (p. 75) y luego deleitarse con un hojaldre en **Pintauro** (p. 80) o **Sfogliatella Mary** (p. 80). El día termina en **Luminist** (p. 79) con una cena contemporánea y **Anthill** (p. 79) para un cóctel de primera.

Día 3

ADRIANA MALANDRINO/EDT ©

Se va temprano a **Pausilypon y Parco Sommerso di Gaiola** (p. 110), luego se busca la **playa** (p. 114) adecuada para darse un chapuzón. Una vez fuera del agua, se pasea por **Mergellina** (p. 109; foto), con un dulce en el **Chalet Ciro** (p. 124) o un almuerzo en una institución napolitana: **Cibi Cotti Nonna Anna** (p. 123). Por la tarde, se visita el **Museo Pignatelli Cortes** (p. 93) antes de regresar a Posillipo para admirar la puesta de sol desde el **Belvedere di Sant'Antonio** (p. 118) o se va a Chiaia para tomar un cóctel en **Antiquario** (p. 101); desde allí se puede llegar al pie del **Castel dell'Ovo** (p. 90) y tomar algo en **Borgo Marinari** (p. 91), o cenar en la **Osteria della Mattonella** (p. 97) y terminar la velada en el histórico **La Mela** (p. 102).

Día 4

ADRIANA MALANDRINO/EDT ©

Hay que elegir entre pasar el día en el **Castel Sant'Elmo** (p. 130) y la **Certosa y Museo di San Martino** (p. 134), quizá acercándose a Vomero para hacer unas **compras** (p. 143) y comer algo antes de regresar hacia el centro histórico bajando por la **Pedamentina a San Martino** (p. 139); o bien pasar la mañana en el **Museo e Real Bosco di Capodimonte** (p. 152) y luego dedicarse a la **Sanità** (p. 145; foto) para dejarse sorprender por la belleza de las **Catacombe di San Gaudioso** (p. 146) , el encanto oscuro del **Cimitero delle Fontanelle** (p. 148) y los dulces de **Poppella** (p. 165). Por último, dado que normalmente en Nápoles la *pizza* se come, al menos, al llegar y al irse, la última noche hay que disfrutar de las de **Concettina Ai Tre Santi** (p. 167).

Lo esencial

Para más información, véase 'Guía práctica' (p. 176)

Webs útiles

Para planificar el viaje:
www.trenitalia.com
www.italotreno.it
www.autostrade.it
www.viamichelin.it
www.aeroportodinapoli.it
maps.google.it

Dinero

Muchos comercios aceptan pagos electrónicos, pero puede que algunos más antiguos solo acepten efectivo.

Alojamiento

La oferta de Nápoles es muy variada: hoteles, B&B, albergues, apartamentos de alquiler. Los precios pueden aumentar en determinadas épocas del año, como Navidad.

Comidas

En Nápoles, comer es una fiesta, desde la comida callejera típica hasta las *trattorie* tradicionales, sin olvidar las pizzerías y los restaurantes elegantes.

Presupuesto diario

Económico: menos de 100 €

Alojamiento en un albergue: 23-27 €

Comida callejera rápida o *pizza:* 7-15 €

Museos: 7-22 €

Abono diario a la red de transporte público: 4,50 €

Medio: 100-200 €

Habitación doble en un hotel de dos/tres estrellas o B&B: 60-110 €

Almuerzo o cena con dos platos y una copa de vino: 25-30 €

Entradas para el teatro o la ópera: desde 15 €

Alto: más de 200 €

Alojamiento en hotel de lujo: desde 150 €

Almuerzo o cena en un restaurante de lujo: desde 80 €

Butaca para la ópera en el Teatro di San Carlo: hasta 800 €

Webs

Lonely Planet (www.lonelyplanet.es) Información, reservas de alojamiento y mucho más.
Ayuntamiento de Nápoles (www.comune.napoli.it/vivere-la-citta)
Napoli da Vivere (www.napolidavivere.it)
Scabec (www.scabec.it) Sitio de la promoción del patrimonio cultural de Campania.
Campania Artecard (www.campaniartecard.it)

Con antelación

Dos meses antes Reservar el alojamiento, sobre todo en períodos festivos.
Un mes antes Comprar la entrada para el Teatro di San Carlo y la Campania Artecard para ahorrar en las visitas a los museos.

Cómo llegar

Desde el aeropuerto internacional de Capodichino

El aeropuerto está conectado con la estación de Napoli Centrale (15 min) y con Molo Beverello (35 min), la terminal de ferris e hidroplanos, mediante lanzaderas Alibus (5.10-24.00, cada 15 min, lu-do) gestionadas por la ANM (www.anm.it). El billete cuesta 5 € y la web indica todos los métodos de compra.

Napoli Centrale

A Nápoles llegan trenes de alta velocidad. Desde la estación se puede llegar al centro histórico con la línea 1 del metro (6.20-23.02, salidas cada 12 min) desde la estación de Garibaldi; también van al centro y al paseo marítimo los autobuses nº 130 (6.00-20.00, cada 20 min), 151 (5.30-23.00, sa hasta 22.40, cada 13-18 min) y R2 (6.10-23.35, cada 18-22 min) y la línea de tranvía 412 (6.25-23.06, cada 10 min) desde Emiciclo Poggioreale. Las líneas de autobús y tranvía, gestionadas por la ANM (www.anm.it), tienen menos frecuencia el sábado por la tarde, el domingo y los festivos; se pueden consultar los horarios y las actualizaciones de las líneas en la web. Debido al intenso tráfico de la ciudad, el transporte público no siempre es puntual; hay que tenerlo en cuenta al moverse por Nápoles.

Transporte local

El abono de un día de la ANM (p. 180), válido en zonas urbanas y suburbanas (autobuses, trolebuses, tranvías, líneas 1 y 6 de metro –esta última cerrada por obras de ampliación en el momento de redactar esta guía– y funiculares), es la opción más económica para moverse por la ciudad. La línea 2 del metro está gestionada por Trenitalia (www.trenitalia.com). Las líneas ferroviarias del Vesubio, las islas Flégreas y el Campania Express son operadas por EAV (www.eavsrl.it).

Autobús

La red de autobuses está desarrollada y es extensa.

Automóvil y motocicleta

Se desaconseja encarecidamente conducir en Nápoles a quienes no están acostumbrados al tráfico o a conductores inexpertos.

Funiculares

Servicio puntual con salidas cada 10 min que conecta la ciudad con los barrios altos.

Metro

Es la mejor opción para cruzar la ciudad sin problemas de tráfico, por no hablar de las preciosas estaciones de metro diseñadas por grandes artistas.

Taxi

Hay que acordar la tarifa antes de subir y tener en cuenta el tráfico.

Barrios de Nápoles

Vomero (p. 129)
Es, con razón, uno de los barrios residenciales más cotizados de Nápoles, lleno de locales animados y tiendas interesantes. Además, el Castel Sant'Elmo y la Certosa di San Martino, ambos imprescindibles, dominan la zona.

Mergellina y Posillipo (p. 109)
Toalla, bañador y cámara de fotos bastan para descubrir un mirador impresionante, un parque arqueológico a orillas del mar al que se accede atravesando un antiguo túnel y una increíble y colorida reserva marina protegida.

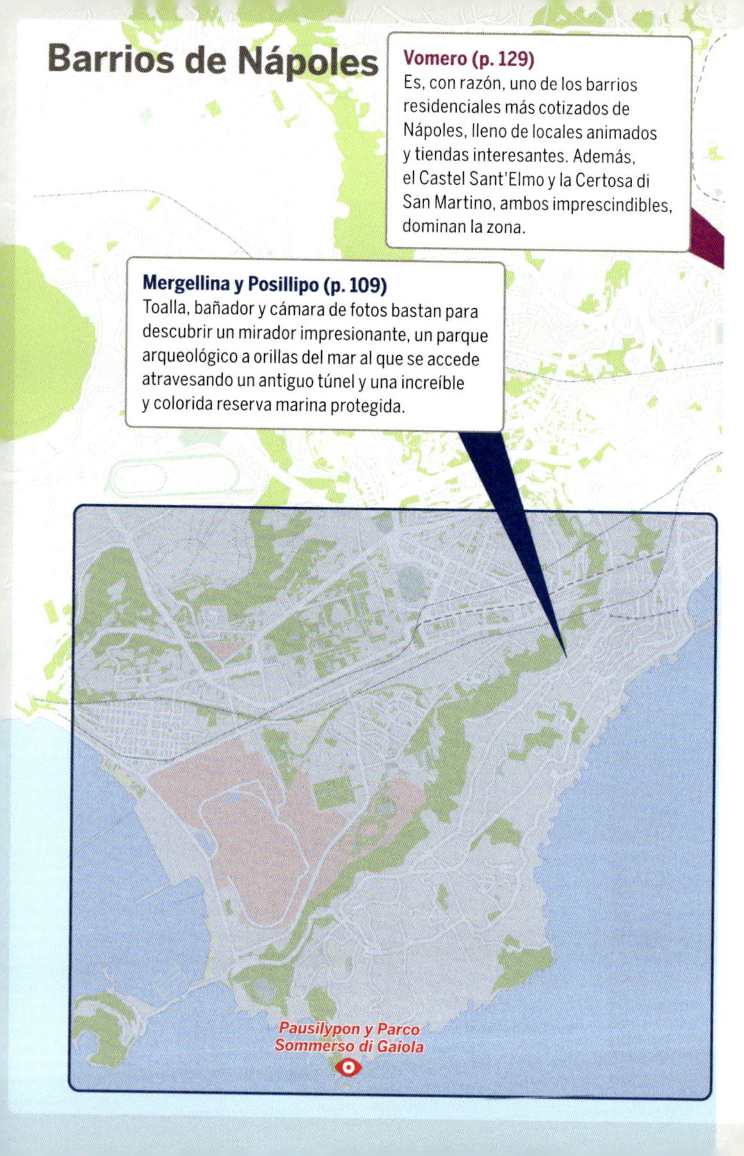

Sanità y Capodimonte (p. 145)

Entre la pompa y la maravilla del Museo e Real Bosco di Capodimonte y el barrio más auténtico y popular de Nápoles, la Sanità, no es difícil enamorarse de Nápoles.

Centro histórico (p. 27)

El corazón antiguo de la ciudad late entre extraordinarios museos, callejones con santuarios votivos, actividades históricas, una calle que atraviesa la ciudad, Spaccanapoli, y otra repleta de tiendas que venden figuras de belén, Via San Gregorio Armeno.

Via Toledo y Quartieri Spagnoli (p. 65)

El Palazzo Reale es el relato de la historia de Nápoles, y la Piazza del Plebiscito una de sus imágenes más icónicas. En los Quartieri Spagnoli, en cambio, se aprecia la hospitalidad de los napolitanos.

Chiaia y Santa Lucia (p. 87)

En esta elegante zona de la ciudad, los viajeros quedan impresionados: la vista se extiende sobre el mar y abraza el Vesubio; los napolitanos, por su parte, sienten la presencia de ambos incluso sin verlos.

PET

Explorar Nápoles

Merece la pena

Circuitos a pie y en kayak

Via San Gregorio Armeno (p. 41). XANTANA/DREAMSTIME.COM ©

ЗАЧЕМ!
SPACER NAMER JUICE GOZEK CAPTEK
HOUSE MATES
PULCINELLA

Explorar

Centro histórico

La historia de Nápoles se encuentra entre sus murallas griegas, el teatro romano, el antiguo mercado subterráneo de pescado, las excavaciones arqueológicas, los cardos y los decumanos, siglos concentrados en callejones impenetrables y plazas monumentales. Hay que pasear y hacer muchas paradas, incluso en rincones inesperados. Hay que tomar Spaccanapoli como referencia y no dejarse abrumar por la abundancia y el caos. Aquí la belleza es cuestión de detalles.

Lo esencial

- ***Museo Cappella Sansevero (p. 28)*** *El éxtasis ante el sufrimiento humano del Cristo velado.*
- ***Spaccanapoli (p. 30)*** *Hay que recorrer la columna vertebral del centro antiguo con el corazón y los ojos abiertos, pues aguardan sorpresas a cada paso.*
- ***Chiesa del Gesù Nuovo (p. 32)*** *Para reflexionar sobre los misterios que guarda desde hace siglos la fachada de esta iglesia.*
- ***Basilica e Monastero di Santa Chiara (p. 34)*** *Hay que pasear con calma al menos por el claustro con mayólica.*
- ***Complesso di San Gregorio Armeno (p. 36)*** *Un refugio de la muy concurrida "via dei pastori".*
- ***MANN (p. 38)*** *De visita imprescindible, tras sus muros se halla el Atlas que sostiene la bóveda celeste.*
- ***Via dei Tribunali y sus alrededores (p. 40)*** *Compras, comida y, sobre todo, hitos culturales. Hay de todo.*

Cómo llegar y desplazarse

M Las principales estaciones de metro que dan servicio a la zona son Dante, Museo, Cavour y Duomo.

Plano de la zona en p. 42.

Polichinela en Vico del Fico al Purgatorio (p. 41).

Las mejores experiencias

Ver los tesoros del Museo Cappella Sansevero

Construido en 1590 como exvoto, este tesoro del arte barroco adquirió su prestigio actual a partir de 1749, gracias al ecléctico Raimondo di Sangro, príncipe de Sansevero, que convocó a los mejores artistas de la época para diseñar un lugar inolvidable. El resultado es sin duda sorprendente: basta con alzar la mirada hacia los frescos de Francesco Maria Russo y luego bajarla hacia la estrella de la capilla, el Cristo velado.

PLANO P. 42, B4

www.museosansevero.it

M Università, Dante, Duomo

Cappella Sansevero

Al entrar en este recinto, a la vez mausoleo familiar y templo masónico, la mirada se confunde. El dinamismo del fresco del techo, la *Gloria del Paraíso*, el altar mayor con el alto relieve de la *Deposición* de Francesco Celebrano, la curiosa tumba de Cecco di Sangro a la entrada, con el caballero que, desenvainando su espada, sale con ímpetu de su ataúd, compiten por la atención del visitante. Pero hay que fijarse en las dos obras maestras a los lados del altar. A la izquierda se encuentra la estatua velada de la *Modestia* de Antonio Corradini, dedicada a la madre del príncipe, Cecilia Gaetani, que murió joven: la belleza delicada y femenina del cuerpo velado alude al mismo tiempo a la vida y a la muerte; a la derecha, el *Desengaño* de Francesco Queirolo, que algunos relacionan con la iniciación masónica, está dedicado al padre del príncipe, que intenta liberarse de una red que representa el pecado. Cuesta creer que esté tallada en mármol; de hecho, ningún asistente de Queirolo quiso terminar la estatua por temor a arruinarla.

'Cristo velado'

Para celebrar su grandeza, Raimondo di Sangro, intelectual, masón, inventor y alquimista admirado, aunque también duramente criticado, pidió a los mejores artistas del s. XVIII que dejaran su impronta en esta capilla. Giuseppe Sanmartino superó sus expectativas con el *Cristo velado* (1753; foto), que parece estar acostado en un lecho, protegido por un velo muy fino para mostrar los detalles de un cuerpo torturado, con su fisonomía perfectamente visible. Muchos pensaron que el velo era una tela convertida en mármol, resultado de los trucos de alquimista del príncipe. La verdad, sin embargo, reside en la mano experta del artista. Incluso Antonio Canova intentó en vano comprar la escultura y afirmó que habría dado diez años de vida por ser su autor.

★ Consejos

- Es obligatorio reservar y se debe comprar la entrada con mucha antelación en la web.
- Conviene fijarse en las estatuas que enmarcan la capilla: representan las virtudes morales de un aspirante a masón.
- Hay que bajar a la cripta para ver las "máquinas anatómicas", dos esqueletos con una meticulosa reconstrucción del sistema arteriovenoso casi íntegro. Cuenta la leyenda que eran dos servidores del príncipe —figura que estudiar para comprender el significado de este lugar—, envenenados lentamente hasta morir.

✗ Una pausa

En el **Bar Nilo** (instagram.com/bar.nilo) el café es bueno, pero destaca el pequeño altar a Diego Maradona que, quizá, importa más al dueño que el local. También hay un cabello del "Pibe de Oro" que el señor Bruno dice haber encontrado en un avión.

Las mejores experiencias

Adentrarse en la ciudad vieja atravesando Spaccanapoli

La parte más antigua de Nápoles está atravesada por tres calles paralelas de origen griego que van de este a oeste y se llaman "superior", "mayor" e "inferior". Esta última se conoce también como Spaccanapoli y atraviesa el corazón más auténtico de la ciudad, cuyo tramo más animado es Via San Biagio dei Librai. La mejor vista se disfruta desde lo alto del Castel Sant'Elmo, en Vomero.

PLANO P. 42, D4

M Dante, Duomo

El rincón más antiguo de Nápoles

La antigua Neápolis estaba atravesada por tres calles. Una de ellas, hoy conocida como Spaccanapoli, era una *plateia* (lo que los romanos llamaban decumano), un lugar crucial para la comunidad en el momento de la fundación griega. Incluso hoy, para captar la atmósfera de la ciudad y conocer a sus habitantes, hay que sumergirse en este rincón de Nápoles y dejarse llevar por el ir y venir constante y relajado. Es el lugar donde entrar en contacto con esta ciudad electrizante, porque en esta larga calle, que divide limpiamente la urbe entre el norte y el sur, Nápoles parece revelar su alma no solo a los napolitanos, sino también a los visitantes.

Paradas imprescindibles

Saliendo del oeste, la primera parada es, naturalmente, la Piazza del Gesù, la entrada al decumano, para fotografiar la **aguja de la Immacolata** del s. XVIII (p. 33) y la indispensable **Chiesa del Gesù Nuovo** (p. 32). Un poco más adelante, siguiendo hacia el este, a la derecha se halla la entrada a la **Basilica e Monastero di Santa Chiara** (p. 34), donde todos los viajeros quedan boquiabiertos ante el espectacular claustro de mayólica. Spaccanapoli continúa con una armoniosa sucesión de edificios antiguos, como el **Filomarino** (Via Benedetto Croce, 12), donde vivió y murió el filósofo Benedetto Croce. Tras pasar por innumerables tiendas y tentaciones gastronómicas se llega a la Piazza San Domenico Maggiore, dominada por otra aguja, erigida por los devotos en honor de san Domenico, y por la **basílica** (p. 35), un maravilloso ejemplo de arquitectura gótica-angevina. Después de Piazzetta Nilo, en Largo Corpo di Napoli, se puede ver la **estatua del dios Nilo** y seguir por la animada calle que en este tramo se llama San Biagio dei Librai. En el nº 114 está el **Monte di Pietà,** con su capilla con frescos y la colección de pinturas y objetos sagrados del Banco di Napoli.

★ Consejos

- Hay que pasear por Spaccanapoli en las primeras horas del día o la del almuerzo para evitar el gentío.
- Para tomar la foto perfecta de Spaccanapoli hay que subir a lo alto del Castel Sant'Elmo (p. 130), que brinda vistas de postal.
- La calle es estrecha, pero conviene alzar la mirada a los edificios que la dominan, pues los hay nobles.
- Para ir de compras y darse algunos caprichos napolitanos, esta es la calle ideal.

✕ Una pausa

En Nápoles es obligatorio probar el ragú. **Tandem** (www.tandemnapoli.it) es un restaurante dedicado a esta delicia: hay que pedir los *ziti*, la *scarpetta* (una gran rebanada de pan rústico y un cuenco de salsa para mojar) y las albóndigas, con ragú, por supuesto, hecho al *pippiare*, es decir, a fuego lento.

Las mejores experiencias

Descubrir la Chiesa del Gesù Nuovo, tras la fachada

Puerta de entrada al decumano inferior, la Piazza del Gesù Nuovo alberga la iglesia del mismo nombre, donde la pintura y la escultura barrocas reinan con toda su riqueza. A este lugar están vinculados artistas como Cosimo Fanzago y Luca Giordano, y su historia se remonta a la época del virrey Pedro de Toledo, concretamente al año 1547. Pero primero hay que observar la fachada, de la que se dice que es una partitura.

PLANO P. 42, A5

facebook.com/gesunuovo

M Dante

La plaza y la fachada

Por esta plaza pasa todo el mundo: napolitanos ocupados en sus quehaceres y viajeros, mapa en mano, que se detienen ante uno de los tres grandes obeliscos de Nápoles, la **aguja de la Immacolata** (1747-1750). De casi 30 m de altura, hecha en mármol y en perfecto estilo barroco, con una Virgen de cobre en la cúspide, está decorada con flores, ángeles, volutas y santos, y es fruto de la voluntad del padre jesuita Francesco Pepe, que pidió ayuda a la población para erigir la aguja siguiendo el criterio de las imágenes procesionales, que cuanto más altas y decoradas eran, mejor celebraban al santo patrón. Sin embargo, lo que llama la atención es la fachada de la iglesia vecina, que no parece un edificio religioso. De hecho, pertenecía a un palacio que el virrey Pedro de Toledo requisó en 1547 a la poderosa familia Sanseverino, culpable de haber apoyado la revuelta contra la Inquisición. El palacio acabó en manos de los jesuitas que, con intervenciones radicales, cambiaron su aspecto, pero no su fachada de sillares de piperno, envuelta en un halo de misterio. ¿Qué significan los signos grabados en algunos sillares? Antiguas leyendas dicen que fueron dejados por los canteros en un lenguaje codificado. Una teoría más reciente dice que se trata de letras del alfabeto arameo correspondientes a notas musicales. Así, la fachada sería una gran partitura para un concierto de unos 45 min de duración. Puede que sea solo sugestión. O no.

El interior

Estucos, mármoles y frescos de los mejores artistas entre finales del s. XVI y mediados del s. XIX llenan de desbordante riqueza el interior de esta iglesia con planta de cruz griega, con cinco capillas a cada lado. Lienzos de Luca Giordano, esculturas de Cosimo Fanzago y frescos de Belisario Corenzio captan la atención, así como el altar mayor de 1854.

★ Consejos

- Cuenta la leyenda que, entre las muchas figuras y alegorías que adornan la aguja, también hay algunas mortales bien ocultas.
- Hay que imaginar la iglesia cuando era el Palazzo Sanseverino: los interiores eran de una belleza proverbial y acogían a los intelectuales de su tiempo.
- Se debe buscar la tumba del santo doctor Giuseppe Moscati, una especie de héroe en Nápoles; también está su estudio reconstruido. En las mismas salas se conserva la carcasa de la bomba que cayó frente al altar en 1945, pero que no explotó.

Una pausa

La Locanda del Gesù Vecchio (lalocandagesuvecchionapoli.it) tiene dos locales en Via Paladino, en los nº 4 y 26. Representa la tradición napolitana: sorprende la suavidad de la *pizza genovese* y el sabor de la *salsiccia e friarelli*.

Las mejores experiencias

Contemplar la Basilica e Monastero di Santa Chiara

El encanto evidente de la basílica gótica y la riqueza decorativa del claustro de las Clarisas hacen que el lugar sea magnífico. Todo empezó a finales del s. XIV, con la reina Sancha de Aragón, quien, al no haber podido convertirse en monja de clausura, pidió a su marido, Roberto I de Anjou, que le construyera un complejo religioso. El rey no dudó en complacerla y nos legó este tesoro.

PLANO P. 42, B5

www.monasterodisantachiara.it

M Dante

Basílica

Este imponente **edificio monumental,** el más grande de la ciudad, se puede ver desde cualquier ángulo desde lo alto. Iniciada en el s. XIV, la basílica fue transformada en el s. XVIII al gusto barroco y completamente restaurada después de la II Guerra Mundial para devolverle su aspecto gótico original, con toba amarilla de Pozzuoli, para reparar los daños de los bombardeos. Cuenta con una sola nave y tiene diez capillas a cada lado con tumbas de nobles napolitanos y de los Borbones. En la zona del presbiterio, la **tumba de Roberto I de Anjou,** diseñada por Giovanni y Pacio Bertini, es de refinada factura; el **altar mayor** del s. XIV, de autor desconocido, y la cruz de madera procedente de Siena son de una belleza conmovedora. Detrás del altar se encuentra el **coro de las Clarisas,** ejemplo del gótico napolitano, con fragmentos del fresco con **historias del Antiguo Testamento y del Apocalipsis** (1326) de Giotto. La entrada a la basílica es gratuita.

Monasterio

Rodeando la basílica por el lado izquierdo se accede al **claustro de las Clarisas** (incluido en la entrada), concebido en el s. XIV y modificado en el s. XVIII por la creatividad rococó del arquitecto Domenico Antonio Vaccaro, para complacer a la reina María Amalia de Sajonia, que adoraba la porcelana. El resultado de este capricho es un delicioso claustro-jardín donde pasear entre cítricos y glicinias, con dos vías en cruz que dividen el espacio en cuatro zonas. Pero lo que resulta más peculiar es su decoración: 30 000 azulejos de mayólica, pintados por Giuseppe y Donato Massa con agradables escenas de fiesta y de trabajo (curiosamente, nada religioso), adornan las columnas octogonales y los asientos (en los que está prohibido sentarse). Luego hay que dirigirse al **Museo dell'Opera,** desde donde se puede acceder a los vestigios de un gran edificio termal del s. I.

★ Consejos

- Antes de entrar en el complejo monástico, hay que fijarse en el hermoso campanario del s. XIV. Solo se puede ver desde el exterior.
- No se debe salir sin visitar la sala donde se expone un gran belén de época borbónica: puro teatro.
- El bombardeo del 4 de agosto de 1943 destruyó casi todo lo que había en el complejo; milagrosamente solo se salvaron las tumbas de los Borbones.

Una pausa

Probablemente, después del paseo llegue el momento del aperitivo. Se aconseja tomarlo en **La Fesseria** (lafesseria.it) y disfrutar del talento creativo de quienes están detrás de la barra. La carta de cócteles se inspira en la década de 1990; por ejemplo, el Notti Magiche transporta a los mundiales de fútbol del pasado.

Las mejores experiencias

Refugiarse en el Complesso di San Gregorio Armeno

En la "via dei pastori" *(o* "via dei presepi"*) se esconde una realidad poco conocida, pero de una belleza única que se ha mantenido inalterable. Se trata del Complesso di San Gregorio Armeno, uno de los lugares de culto más importantes de la ciudad; entre otras cosas, guarda la sangre de santa Patricia, que, como la de san Genaro, se licua en medio de la emoción de los fieles.*

PLANO P. 42, C4

M Duomo, Dante

Santa Patricia y la iglesla

Sobre las ruinas de un templo dedicado a la diosa Ceres, las monjas de la Orden de San Basilio, que habían huido de Armenia con las reliquias de san Gregorio, fundaron una iglesia (reconstruida en el s. XVI), un claustro y un convento que figuran entre los lugares de culto más interesantes de la ciudad. Destacan las 52 escenas pintadas al fresco por Luca Giordano y el monumental artesonado dorado de estilo rococó, pintado, entre otros, por el flamenco Teodoro d'Errico, que cuenta la vida de los santos cuyas reliquias adornan la iglesia. Entre ellas, santa Patricia, que se celebra el 25 de agosto, es la más querida; en la última capilla de la derecha se conservan sus restos y su sangre, que, como la de san Genaro, ocasionalmente se licua.

Claustro

La visita, sin embargo, no termina en la iglesia: hay que salir de nuevo por Via San Gregorio Armeno y, entre las tiendas de pastores, seguirla hacia el norte hasta el final. Allí, a la izquierda, se halla la entrada del convento, todavía habitado hoy por una treintena de monjas. En el interior hay un claustro monumental ajardinado, con un huerto de cítricos y hortalizas, en cuyo centro se encuentra la **fuente barroca** de mármol, decorada con delfines y caballitos de mar, y enmarcada por dos figuras de tamaño natural: a la izquierda Cristo y a la derecha la mujer samaritana, obra de Matteo Bottigliero. Todo respira calma, hasta el punto de que uno olvida que al lado está una de las calles más concurridas de Nápoles. También se visita la **Cappella della Madonna dell'Idria,** con el altar mayor de Pietro Ghetti, y el **coro de monjas,** y se ven las antiguas cisternas, la farmacia, la cocina y el horno con herramientas antiguas. Las celdas de las monjas dan al claustro, todas con terraza y una vista envidiada por los mejores hoteles de la ciudad. Para ser un centro de clausura, no está nada mal.

★ Consejos

- Las *zite* (mujeres solteras) que buscan marido acuden a santa Patricia, descendiente del emperador Constantino, para besar la ampolla con su sangre.
- El campanario es una especie de paso elevado que cruza por encima de Via San Gregorio Armeno; antiguamente conectaba el convento con el de San Pantaleone.
- Debajo del campanario, a la derecha, junto a la puerta de la tienda Alpa Presepi, se encuentra la Canefora di Demetra, un increíble bajorrelieve del s. VII a.C., resto del antiguo templo dedicado a Deméter que no se ha puesto en valor, aunque su historia lo merece.

✕ Una pausa

La Campagnola (facebook.com/Campagnola1947) goza de una atmósfera casera y sirve verdadera cocina napolitana, con platos ricos y sabrosos.

Las mejores experiencias

Admirar colecciones famosas en el MANN

El Palazzo degli Studi, construido en el s. XVI y renovado en el s. XVIII por el arquitecto Ferdinando Fuga, alberga por voluntad de Carlos III de Borbón el considerado museo arqueológico más importante del mundo en hallazgos de la época romana: más de 18 000 m² para 250 000 obras maestras, entre pinturas, esculturas y mosaicos. Si se dispone de poco tiempo, hay que seleccionar los principales tesoros.

PLANO P. 42, A2

mann-napoli.it

M Museo, Cavour

Colecciones

La planta 0 alberga la **colección Farnesio,** iniciada por el papa Pablo III; en la sala 16 está el grupo del **'Toro Farnesio',** la escultura antigua más grande que existe (un solo bloque de mármol de 24 toneladas y 3,70 m de altura), copia romana de un grupo helenístico hallada en las Termas de Caracalla que narra el suplicio de Dirce, con el toro que trata de arrastrarla. Absorto en sus pensamientos y casi vencido por el cansancio está el **'Hércules Farnesio'** (sala 11) del ateniense Glykon (su firma está en la roca, bajo el garrote). También es de admirar la delicadeza de la **'Venus calipigia'** (sala 25), el valor de los **'Tiranicidas'** (sala 4) y la hipnótica **'Taza Farnesio',** (sala 10) en ónix, uno de los camafeos más grandes del mundo, que representa una escena alegórica del antiguo Egipto. En la planta –1 está la **colección egipcia,** donde destaca el **'Naóforo Farnesio'** (sala 17) en basalto, y la **colección epigráfica,** que incluye las **'Tablas de Heraclea'** (antesala 150) en bronce, con inscripciones en griego y latín. En la planta 1 está la sección de la **Campania romana,** cuya joya de la corona es el **'Doríforo'** (sala 33), modelo de armonía, la **numismática** y la **colección de mosaicos** de la zona del Vesubio, con obras maestras como el **'Memento Mori'** (sala 59) y los refinados **mosaicos de los Dioscórides,** que representan músicos ambulantes y la consulta de una bruja. Son imprescindibles los **mosaicos de la Casa del Fauno** de Pompeya (salas 60, 61, 63), encabezados por el **mosaico de Alejandro** en la batalla de Issos contra el rey persa Darío, que sorprende por su dinamismo y dimensiones. En la planta 2, en la Gran Sala de la Meridiana con frescos de Pietro Bardellino, se encuentra el **'Atlas Farnesio'** (foto), condenado por Zeus a soportar el peso de la bóveda celeste, la representación más antigua de las constelaciones. También en la planta 2 están las **pinturas del Vesubio,** con el fresco **'Baco y el Vesubio',** las suntuosas pinturas murales de **'Boscoreale'** y la fascinante **'Flora'** sobre un fondo verde que, absorta, se aleja del espectador.

★ Consejos

- La entrada o abono al MANN incluye un descuento en la compra de entradas a los sitios del circuito ExtraMann, que incluye el Museo del Tesoro di San Gennaro (p. 44).
- Antes de salir del museo hay que visitar el **Gabinete Secreto** (planta 1, salas 62 y 65), que aborda la sexualidad en el mundo antiguo. En la planta 2, en la sección **Villa dei Papiri,** sorprenden el **'pseudo-Séneca'** y los **'Corredores'** y, en la colección **Magna Grecia,** las flotantes **'Bailarinas de Ruvo'.**

✕ Una pausa

A pocos minutos a pie del museo, en la Galleria Principe di Napoli, se encuentra el elegante **Scotto-Jonno** (scottojonno.com), una biblioteca con un bistró literario y cócteles interesantes en estilo *belle époque*. Es un lugar especial animado todo el día, desde el desayuno hasta después de la cena.

Circuito a pie

Via dei Tribunali y alrededores

Desde Via dei Tribunali, repleta de comercios y palacios nobles, se accede a callejones impenetrables con ropa tendida y ciclomotores ruidosos, como el Vico del Fico al Purgatorio, que arranca con un Polichinela de bronce, y la popular Via San Gregorio Armeno, con tiendas de belenes en lugar de los artesanos que antaño vendían figuras de la diosa Ceres para el templo cercano. Esta es la antigua Nápoles orgullosa de su larga historia.

Datos

Inicio San Domenico Maggiore

Final Piazza Gerolomini

Distancia 1,3 km; 3 h 30 min

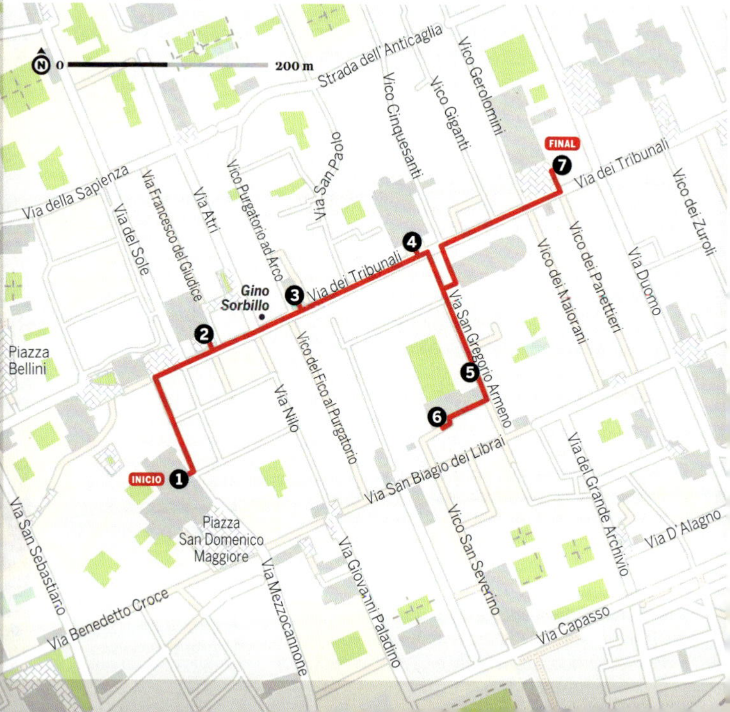

❶ San Domenico Maggiore

El itinerario comienza en esta enorme basílica (domasandomenico maggiore.it), inaugurada en 1324 a instancias de Carlos II de Anjou y repleta de capillas nobles, como la **Carafa de Santa Severina** en la contrafachada y la **Brancaccio** en la nave derecha. En la plaza se alza la **aguja de San Domenico** del s. XVIII. Se puede ver gratis o reservar visitas guiadas de pago en la web.

❷ LAPIS Museum

Los amantes de los pasos subterráneos pueden subir por Via dei Tribunali y seguir este **recorrido** (lapismuseum.com) por las entrañas de la Basilica della Pietrasanta, construida sobre los restos de un templo dedicado a Diana. Se entra en el Museo dell'Acqua para descubrir la función original de las cisternas de origen grecorromano y se avanza por el decumano sumergido.

❸ Santa Maria delle Anime del Purgatorio ad Arco

Para comprender el culto a las "almas mendicantes" hay que bajar al hipogeo de esta **iglesia** (www.purgatorioadarco.it), repleto de huesos y cráneos de desconocidos que son 'adoptados' por quienes rezan por ellos. El más conocido es el de la joven Lucía, adornado con regalos. El viaje al mundo de los difuntos continúa con *El número 85 (con alas de ángel)*, una escultura en coral rojo del Mediterráneo de Jan Fabre, en la iglesia desde el 2023.

❹ San Paolo Maggiore

La sacristía, pintada al fresco por Francesco Solimena alrededor de 1689, justifica por sí sola una visita a esta **basílica.** El resto también merece la pena.

❺ Via San Gregorio Armeno

Desde Spaccanapoli a Tribunali hay que seguir la famosa **"via dei pastori"** o **"via dei presepi"** (belenes; M Duomo), antiguo cardo, repleta de tiendas que venden figuras tradicionales de terracota. Muy concurrido en Navidad.

❻ Santa Luciella

En esta **pequeña iglesia** del s. XIV dedicada a santa Lucía, patrona de la vista, reabierta después de 40 años gracias a una **asociación cultural** (respiriamoarte.it) con la que también se visitan otros lugares emblemáticos de Nápoles, hay una misteriosa calavera con orejas, venerada desde el s. XVII.

❼ La santa de Banksy

De vuelta en Via dei Tribunali, hay que buscar la famosa **Sant'Agnese** (Piazza Gerolomini) o *Virgen con la pistola* de Banksy junto a una pizzería.

Una pausa

La pizzería **Gino Sorbillo** (www.sorbillo.it) es muy famosa y, de hecho, siempre hay cola. También sirve la polémica *pizza* con piña; hay que probarla para opinar.

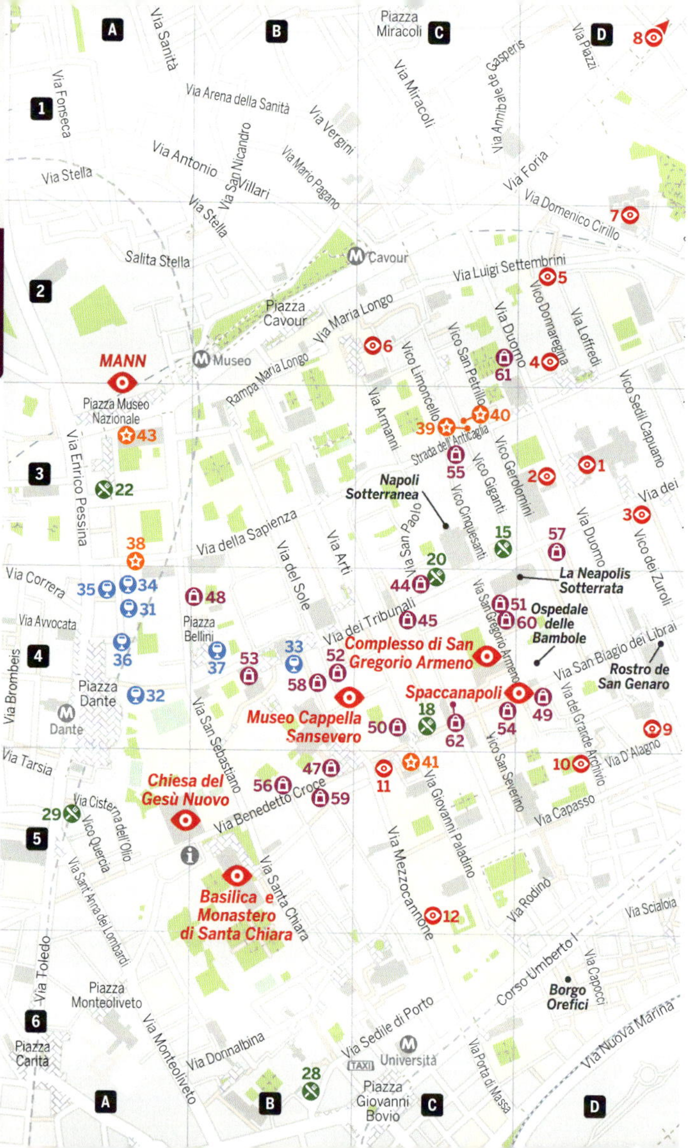
A
B
C
D
1
2
3
4
5
6
Piazza Miracoli
Via Sanità
Via Piazzi
Via Fonseca
Via Arena della Sanità
Via Vergini
Via Miracoli
Via Annibale de Gasperis
Via Antonio Villari
Via San Nicandro
Via Mario Pagano
Via Stella
Via Foria
Via Domenico Cirillo
Salita Stella
Cavour
Via Luigi Settembrini
Piazza Cavour
Via Maria Longo
Vico Donnaregina
Via Loffredi
Via Duomo
Vico San Petrillo
Vico Limoncello
Museo
Rampa Maria Longo
MANN
Piazza Museo Nazionale
Via Armanni
Vico Sedil Capuano
Strada dell'Anticaglia
Via Enrico Pessina
Vico Gerolomini
Vico Giganti
Napoli Sotterranea
Via dei
Via San Paolo
Vico Cinquesanti
Via della Sapienza
Via del Sole
Via Arti
Vico dei Zuroli
La Neapolis Sotterrata
Via Correra
Via Avvocata
Piazza Bellini
Via dei Tribunali
Via San Gregorio Armeno
Ospedale delle Bambole
Via San Biagio dei Librai
Rostro de San Genaro
Complesso di San Gregorio Armeno
Via Brombeis
Piazza Dante
Dante
Spaccanapoli
Museo Cappella Sansevero
Via San Sebastiano
Via del Grande Archivio
Via D'Alagno
Via Tarsia
Chiesa del Gesù Nuovo
Via Benedetto Croce
Via Giovanni Paladino
Vico San Severino
Via Capasso
Via Cisterna dell'Olio
Vico Quercia
Via Sant'Anna dei Lombardi
Basilica e Monastero di Santa Chiara
Via Santa Chiara
Via Mezzocannone
Via Rodino
Via Scialoia
Via Toledo
Corso Umberto I
Via Capocci
Borgo Orefici
Piazza Monteoliveto
Via Monteoliveto
Piazza Carità
Via Donnalbina
Via Sedile di Porto
Università
TAXI
Piazza Giovanni Bovio
Via Porta di Massa
Via Nuova Marina
1
2
3
4
5
6
7
8
9
10
11
12
15
18
20
22
28
29
31
32
33
34
35
36
37
38
39
40
41
43
44
45
47
48
49
50
51
52
53
54
55
56
57
58
59
60
61
62

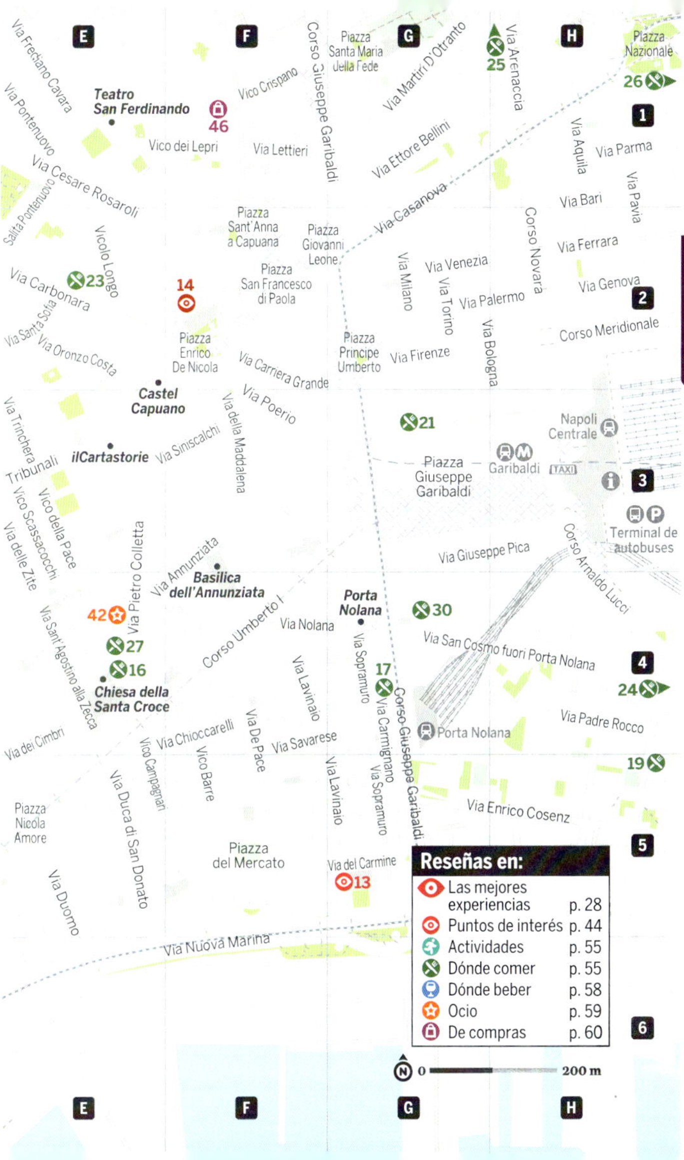
E
F
G
H
1
2
3
4
5
6
Via Fregiano Cavara
Via Pontenuovo
Teatro San Ferdinando
46
Vico dei Lepri
Vico Crispano
Corso Giuseppe Garibaldi
Piazza Santa Maria della Fede
Via Lettieri
Via Martiri D'Otranto
25
Via Arenaccia
Piazza Nazionale
26
Via Cesare Rosaroli
Salita Pontenuovo
Via Ettore Bellini
Via Aquila
Via Parma
Via Casanova
Via Bari
Via Pavia
Piazza Sant'Anna a Capuana
Piazza Giovanni Leone
Corso Novara
Via Ferrara
Vicolo Longo
23
Via Carbonara
14
Piazza San Francesco di Paola
Via Milano
Via Venezia
Via Torino
Via Palermo
Via Genova
Via Santa Sofia
Via Oronzo Costa
Piazza Enrico De Nicola
Piazza Principe Umberto
Via Firenze
Via Bologna
Corso Meridionale
Via Carriera Grande
Castel Capuano
Via Poerio
Via della Maddalena
21
Napoli Centrale
Via Tribunali
Via Trinchera
ilCartastorie
Via Siniscalchi
Piazza Giuseppe Garibaldi
Garibaldi
TAXI
Vico Scassacocchi
Vico della Pace
Via delle Zite
Via Pietro Colletta
Via Annunziata
Basilica dell'Annunziata
Via Giuseppe Pica
Corso Arnaldo Lucci
Terminal de autobuses
42
Via Sant'Agostino alla Zecca
Corso Umberto I
Porta Nolana
Via Nolana
30
27
16
Via Sopramuro
Via Lavinaio
17
Via San Cosmo fuori Porta Nolana
24
Chiesa della Santa Croce
Via Carmignano
Corso Giuseppe Garibaldi
Via Padre Rocco
Via dei Cimbri
Via Chioccarelli
Via De Pace
Via Savarese
Porta Nolana
Vico Campagnari
Vico Barre
Via Lavinaio
Via Sopramuro
19
Via Enrico Cosenz
Piazza Nicola Amore
Via Duca di San Donato
Piazza del Mercato
Via del Carmine
13
Via Duomo
Via Nuova Marina
Reseñas en:
Las mejores experiencias p. 28
Puntos de interés p. 44
Actividades p. 55
Dónde comer p. 55
Dónde beber p. 58
Ocio p. 59
De compras p. 60
N
0
200 m

Puntos de interés

Duomo e Tesoro di San Gennaro LUGAR DE CULTO, MUSEO

1 PLANO P. 42, D3

El Duomo debe visitarse por la mañana, con la mirada fresca y lista para absorber tanta opulencia. A lo largo de los siglos, el edificio ha cambiado de apariencia varias veces, pero se conservan elementos fijos. Carlos I de Anjou encargó la construcción de la catedral, sobre edificios preexistentes, en 1272, pero la fachada neogótica actual, adornada con un hermoso pórtico medieval, es obra del arquitecto Enrico Alvino entre los ss. XIX y XX. En el interior, de cruz latina, las diez capillas son un catálogo de historia del arte de los ss. XIII-XIX y los techos de madera dorada son verdaderas obras maestras. Primero se debe buscar, en la nave derecha, la tercera capilla, la **Reale Cappella del Tesoro di San Gennaro,** apoteosis del barroco, diseñada en el s. XVII por el arquitecto Francesco Grimaldi y financiada por los napolitanos (obsérvese la decoración del suelo: es el reverso de los naipes napolitanos). El pueblo napolitano hizo un pacto con el santo: una nueva capilla a cambio de protección contra la peste de 1527 y las erupciones del Vesubio. Aún hoy la capilla es laica y propiedad del pueblo, representado por la Diputación (presidida por el alcalde, y con representantes de las antiguas familias que formaban los barrios de la ciudad). Hay que fijarse en los frescos barrocos de la cúpula: el *Paraíso,* de Giovanni Lanfranco, las *Historias de san Genaro,* de Domenichino, y *San Genaro sale ileso del horno,* de José de Ribera (1646). Es encantadora la puerta de entrada de latón, obra de Cosimo Fanzago y Gennaro Monte (con pequeñas columnas llenas de arena que, al tocarlas, producen diferentes notas musicales), coronada por un san Genaro de dos caras. ¿Y dónde está la sangre del santo? En una caja fuerte, guardada en dos ampollas detrás del altar mayor; los huesos del cráneo se guardan en el busto relicario visible en el altar de la capilla. Tres veces al año (el sábado anterior al primer domingo de mayo, cuando sale la procesión del busto del santo desde la

Mitra del siglo XVI del Tesoro di San Gennaro.

Bajo los pies

La Nápoles que se ve tiene su cara oculta, oscura y subterránea, y solo descendiendo a sus entrañas se puede comprender del todo la ciudad. La historia de Nápoles, de hecho, también se hizo bajo el suelo: primero con los griegos, que excavaron para obtener la toba para su construcción; luego con los romanos, que construyeron el acueducto subterráneo; y, finalmente, durante la II Guerra Mundial, cuando los túneles se convirtieron en refugios. Hay que bajar a 40 m de profundidad para descubrir **Napoli Sotterranea** (plano p. 42, C3; napolisotteranea.org), entre túneles, cisternas y pasajes estrechos, algunos a la luz de las velas (no aptos para claustrofóbicos). La visita también incluye el acceso, a través de un bajo característico de Vico Cinquesanti, al antiguo **teatro romano,** donde parece que a Nerón le encantaba actuar; hasta no hace mucho, los propietarios del edificio accedían a través de una trampilla al teatro, que para ellos era una especie de sótano. En verano se recomienda ropa cómoda y algo de abrigo. No muy lejos, **La Neapolis Sotterrata** (plano p. 42, D4; laneapolissotterrata.it), menos estrecha que la primera, permite cruzar una calzada romana llena de tiendas, el criptopórtico, que quizá albergaba el mercado de pescado en los puestos inclinados, y el *macellum,* o mercado de la ciudad, de la segunda mitad del s. I a.C.; durante la visita se accede a la espléndida **Basilica di San Lorenzo Maggiore,** de estilo gótico.

catedral hasta la Basilica di Santa Chiara, con las ampollas que contienen la sangre y las estatuas de plata de 52 copatronos, el 19 de septiembre y el 16 de diciembre, se espera el milagro que trae suerte a la ciudad: la licuefacción de la sangre, que en la *smorfia* es el número 18. Una multitud se agolpa en la catedral; en primer plano están los "parientes de san Genaro" —descendientes del santo según la tradición— y las mujeres (en el 2023, por primera vez en siglos, aceptaron a un hombre entre ellas) especialmente devotas que recitan letanías y oraciones.

En la **sacristía** de la capilla se pueden admirar bajo una nueva luz los cuatro **óleos sobre cobre** de Luca Giordano, recientemente restaurados. En la **antesacristía,** donde se guardan las llaves que abren la caja fuerte que contiene las ampollas con la sangre de san Genaro, desde el 2023 se puede ver *Per Eusebia,* un panel realizado íntegramente en un mosaico cincelado de coral rojo mediterráneo, obra de Jan Fabre, dedicada a Eusebia, la piadosa mujer, pariente o enfermera del santo, que fue la primera en recoger su sangre tras su martirio, en el año 305 d.C.

L'Ospedale delle Bambole

Dentro de estos muros, se cuenta la historia de un pedazo de Nápoles a niños de todas las edades; de cuando, a finales del s. XIX, una madre desesperada entró en el taller del escenógrafo Luigi Grassi en Spaccanapoli: la muñeca de su hija se había roto. Grassi se hizo cargo de ella y se la devolvió como nueva. Se corrió la voz y la tienda pronto se convirtió en el **Ospedale delle Bambole** ("Hospital de muñecas"; plano p. 42, D4; ospedaledellebambole.com). Hoy ha cambiado de ubicación, pero desde hace cuatro generaciones la familia Grassi sigue arreglando muñecas, ositos y marionetas que llegan de todo el mundo. Visitar el hospital-museo es como entrar en un mundo paralelo: todo se hace con el máximo cuidado, a los empleados se les llama "médicos" y "enfermeros", las desafortunadas muñecas son hospitalizadas y operadas, e incluso hay departamentos de oftalmología y sastrería, por si la ropa está dañada. Tiziana Grassi, la directora médica, dice que lo mejor de su trabajo es la alegría en los ojos de los niños cuando vuelven a abrazar a sus queridos muñecos recuperados.

Al pasear por la catedral se pueden apreciar obras de Pietro Cavallini, Giorgio Vasari y Francesco Solimena, pero también de Luca Giordano y Perugino, Tino di Camaino, Giuseppe Sanmartino y muchos otros. A la derecha del ábside destaca la Cappella Capece Minutolo, en cuyo interior se encuentra la tumba del cardenal Filippo Minutolo, del s. XIV, mencionado en el *Decamerón*. También merece la pena visitar la **Cappella del Succorpo,** de trazado renacentista. Desde la nave izquierda se accede a la antigua **Basilica di Santa Restituta** y al **baptisterio** decorado con mosaicos, el más antiguo de Occidente (ss. IV-V); justo debajo se encuentra la **zona arqueológica,** con restos desde la época griega hasta la Alta Edad Media.

Es imprescindible visitar el **Tesoro di San Gennaro,** con relicarios, plata, objetos sagrados, documentos, tejidos y joyas impresionantes; solo se expone una parte del inmenso tesoro de la ciudad, donado por los napolitanos y propiedad de ellos mismos: el **busto relicario** del santo y la **mitra** del s. XVIII y 18 kg, con 3694 piedras incrustadas (168 rubíes, 198 esmeraldas y 3328 diamantes) y creada en un año (1713) por el orfebre de Borgo Orefici (véase recuadro en p. 62) Matteo Treglia, son solo dos ejemplos. Destaca también el collar, elaborado a lo largo de 250 años gracias a donaciones con diamantes, rubíes y esmeraldas. La esmeralda central, procedente de Colombia, es muy valiosa; parece dañada, pero en realidad fue arrojada al suelo para comprobar su autenticidad (de hecho, permaneció intacta). Una curiosidad: en la parte superior, hay que fijarse en el anillo de diamantes de María José de Bélgica, que visitó la catedral en 1929 sin ningún regalo y decidió quitarse la preciosa joya del dedo y donarla al tesoro; en los laterales, los dos pendientes con diamantes y perlas fueron regalados por una plebeya que sobrevivió a la peste, para quien eran su único objeto de valor. Por seguridad, el tesoro nunca se mueve de lugar, sobre todo después de que, al final de la II Guerra Mundial, Giuseppe Navarra, conocido como "el rey de Poggioreale" por sus dudosas amistades, tuviera que intervenir para llevarlo de vuelta a Nápoles desde el Vaticano, donde había sido trasladado para protegerlo. El "rey" regresó a Nápoles y fue recibido como un héroe. El museo también es accesible para personas ciegas y sordas. (tesorosangennaro.it)

Biblioteca e Complesso dei Girolamini BIBLIOTECA, LUGAR DE CULTO

2 PLANO P. 42, D3

El complejo Girolamini es un conjunto monumental que ocupa un amplio espacio en el centro histórico. Incluye una grandiosa iglesia (a la que se accede por Piazza Gerolomini) con sacristía contigua, dos claustros, una pinacoteca y varias salas históricas utilizadas como bibliotecas. La historia del complejo se remonta a finales del s. XVI, cuando los padres oratorianos de San Felipe Neri llegaron a Nápoles y, gracias a donaciones

Ospedale delle Bambole.

y legados, compraron una serie de propiedades en la zona. Los padres construyeron primero la iglesia, una basílica de cruz latina con tres naves y una rica decoración en la que destacan los ángeles portadores de antorchas de Giuseppe Sammartino (el escultor del *Cristo velado*) a los lados del altar mayor, la contrafachada con frescos de Luca Giordano de la *Expulsión de los mercaderes del templo,* en las capillas laterales la *Muerte de san Alejo,* única obra de Pietro da Cortona en Nápoles, y *San Francisco en éxtasis* de Guido Reni. En la riquísima colección de pinturas hay otros dos cuadros de Reni, *Jesús encuentra a san Juan Bautista* y *La huida a Egipto,* legado del rico sastre Domenico Lercaro, que a su vez los había recibido como pago por la ropa lujosa que había confeccionado para el artista. Adosados a la iglesia se encuentran el claustro de la portería, con un pozo conectado al antiguo acueducto romano, y el claustro de los naranjos, a través del cual se accede a las salas históricas de la biblioteca. Abierta al público desde 1586, se trata de la biblioteca pública más antigua de Nápoles y la segunda más antigua de Italia (después de la Malatestiana de Cesena). Alberga casi 160 000 volúmenes, divididos entre filosofía, teología, historia, derecho, literatura y música sacra. La Sala Vico es impresionante: las paredes están completamente revestidas con *boiserie* y estanterías de noble nogal de Benevento, con grandes letreros que indican los temas tratados, intercalados con medallones y lunetas pintadas. La

Siete obras de misericordia, **Pio Monte della Misericordia.**

sala alberga la colección de Giuseppe Valletta, con raras ediciones de los ss. XVI y XVII. El patrimonio literario de Girolamini fue objeto de un proceso judicial escandaloso y complejo entre los años 2011 y 2015: miles de volúmenes antiguos de gran valor fueron robados para ser vendidos en el mercado negro. Solo gracias al interés de eminentes eruditos y de la policía fue posible recuperarlos casi todos. En el momento de redactar esta guía, el complejo se encontraba en proceso de restauración y reorganización de su patrimonio artístico; solo se podía acceder a la biblioteca, previa reserva y con fines de estudio. Al cierre de esta edición, la iglesia acababa de ser reabierta, mientras que la reapertura del resto del complejo estaba prevista para principios del 2025. (bibliotecadeigirolamini.beniculturali.it)

Arte urbano y 'underground'

Nápoles está repleta de obras de arte callejero. En el centro, una de los más visibles es el **rostro de San Genaro** (plano p. 42, D4; Via Vicaria Vecchia 33) del artista Jorit Agoch, que toma el rostro de un trabajador llamado Gennaro y está junto a la Basilica di San Giorgio Maggiore. Pero en la ciudad hay también otro tipo de arte urbano, el de las estaciones de metro —**Metro Art** (www.anm.it)— a cargo de artistas de renombre, algunas incluso con hallazgos arqueológicos, casi todas a lo largo de la línea 1. Entre las más bellas se cuentan las estaciones de **Toledo** (plano p. 70, D4) y **Università** (plano p. 42, C6). Fuera del centro está el **Parco dei Murales** (parcodeimurales.it).

Pio Monte della Misericordia

MUSEO

3 PLANO P. 42, D3

Uno sabe que ha llegado al ver, frente a la entrada de Piazza Riario Sforza, la **aguja de San Gennaro** (la primera construida en la ciudad), que fue esculpida con su maestría habitual por Cosimo Fanzago (la estatua de bronce es de Tommaso Montani) en 1636 y es un homenaje al santo por haber protegido la ciudad de la erupción del Vesubio de 1631. Pero la visita se realiza para admirar la capilla del s. XVII de planta octogonal, construida por siete jóvenes nobles napolitanos para ayudar a los desfavorecidos (es una de las pocas organizaciones benéficas fundadas en la ciudad entre los ss. XVI y XVII que aún existen). Alberga una de las tres obras maestras de Caravaggio de las que puede presumir Nápoles: las **'Siete obras de misericordia',** cuadro teatral que se puede apreciar en la Sala del Coretto del primer piso y que se pagó en su día con 400 ducados. Se trata de un retablo que los fundadores de la organización benéfica habían encargado para contar su misión: ayudar a los más desafortunados. El talento

AMEDEO BENESTANTE/MUSEO MADRE ©

Axer/Désaxer de Daniel Buren, Madre.

de Caravaggio se aprecia en los detalles, no hay más que fijarse en la gota de leche en la barba del anciano y hambriento prisionero Cimone, amamantado por su hija Pero. (piomontedellamisericordia.it)

Complesso Monumentale Donnaregina LUGAR DE CULTO, MUSEO

4 PLANO P. 42, D2

Para admirar dos iglesias enfrentadas y ver sus diferencias hay que entrar en este lugar fascinante. **Donnaregina Vecchia,** con su arquitectura gótica y un importante ciclo de frescos del s. XIV, y **Donnaregina Nuova,** un tesoro barroco con las últimas pinturas de Luca Giordano a los lados del altar, conviven como hermanas diferentes pero complementarias. Su hermano es el **Museo Diocesano,** con alrededor de 300 obras, incluida la rara **estauroteca** del s. XII, un relicario que contiene un fragmento de la cruz de Cristo. Por curiosidad se pueden buscar noticias del escándalo que azotó al complejo en el s. XVII, con todas las monjas que allí vivían involucradas en una herejía con implicaciones sexuales. (museodiocesanonapoli.com)

Madre MUSEO

5 PLANO P. 42, D2

El Palazzo Donnaregina data del s. XIX y es el punto culminante del arte contemporáneo en Nápoles. Sus 7200 m² distribuidos en tres plantas albergan una colección permanente que se enriquece gradualmente gracias a artistas que en sus obras reflexionan sobre nuestro presente. Los aficionados al arte contemporáneo estarán encantados de leer nombres como

Anish Kapoor, Jannis Kounellis con la gran ancla oxidada de *Sin título* (2005), que subraya la relación de Nápoles con el mar, Mimmo Paladino, Rebecca Horn con *Espíritus* (2005), Sol LeWitt, Jeff Koons y Richard Serra con *Judith y Holofernes* (2005). En el atrio se halla *Axer/Désaxer*, una monumental instalación *in situ* de Daniel Buren (2015). No faltan servicios y actividades, desde la biblioteca a la cafetería y desde talleres educativos a exposiciones temporales. Y siempre con perspectiva de futuro. (www.madrenapoli.it)

Ospedale degli Incurabili

EDIFICIO HISTÓRICO

6 PLANO P. 42, C2

Originalmente en este lugar había dos conventos, uno de los cuales acogía a exprostitutas para devolverlas al buen camino; más tarde, en 1521, se abrió un hospital para enfermos terminales. Hoy se visita el **Orto dei Semplici,** con plantas medicinales, dos fuentes históricas y el "pozo de los locos", donde se bajaba a los agitados para calmarlos. Pero las verdaderas joyas son el curioso **Museo di Arte Sanitarie,** con instrumental médico antiguo muy raro, hoy de colección, que en algún caso produce escalofríos; y la **Farmacia degli Incurabili** del s. XVIII (cerrada por obras de restauración en el momento de redactar esta guía, al igual que la Cappella dei Bianchi) con muebles antiguos de nogal y brezo que contienen 480 vasijas de mayólica para hierbas medicinales, pintados por Donato Massa y Lorenzo Salandra. (museoartesanitarie.it)

Chiesa di San Giovanni a Carbonara

LUGAR DE CULTO

7 PLANO P. 42, D2

Un doble tramo de escaleras, diseñado por Ferdinando Sanfeli-

Forcella a la luz del día

En esta zona difícil, los proyectos de rehabilitación de la organización sin ánimo de lucro **Altra Napoli** (altranapoli.it) están aportando nueva luz: como la Casa di Vetro, una antigua vidriería convertida en centro de socialización, la recuperación de algunas escaleras y calles en el barrio, o el nacimiento de la Porta dei Sogni, casa de la música, sede de la Piccola Orchestra di Forcella y lugar de encuentro de niños y jóvenes del barrio, en el antiguo conjunto monumental de la **Chiesa della Compagnia della Disciplina della Santa Croce** (plano p. 42, E4), verdadero tesoro devuelto a la ciudad. El complejo se puede visitar con la **Cooperativa Manallart** (manallart.it/tour), que en determinadas épocas del año también organiza visitas a la **Basilica della Santissima Annunziata Maggiore** (plano p. 42, F3), con la famosa rueda de los expósitos de la ciudad.

ce, conduce a una de las iglesias góticas más bellas de Nápoles. En el interior destaca, detrás del altar, el imprescindible **mausoleo** del rey Ladislao del s. xv, de 18 m de altura y resultado de 18 años de trabajo de varios artistas toscanos, la **Cappella Caracciolo del Sole,** que luce frescos, y una *Crucifixión* de Giorgio Vasari. (Via Carbonara 4)

Orto Botanico di Napoli JARDÍN

8 FUERA DE PLANO P. 42, D1

Este oasis de 12 000 Ha, con 9000 especies vegetales diferentes, fue encargado por José Bonaparte en 1807 y ofrece un escape del caos del centro. Se puede elegir entre pasear por la playa, el desierto, el palmeral o el matorral mediterráneo. En la web se puede descargar un útil folleto con un mapa. (ortobotaniconapoli.it)

ilCartastorie.

Museo Filangieri MUSEO

9 PLANO P. 42, D4

Después de haber aceptado retranquear 20 m todo el Palazzo Como porque obstruía el camino hacia la catedral, salvándolo así de la demolición, en 1888 el príncipe Gaetano Filangieri hijo decidió ubicar en el palacio este museo. Tres mil objetos, entre libros antiguos, mayólicas, pinturas de los ss. XV-XIX y armaduras asiáticas y europeas, se exponen en la valiosa Sala Agata y el resto del edificio. (filangierimuseo.it)

Archivio di Stato di Napoli MUSEO

10 PLANO P. 42, D5

Fundado por Joachim Murat en 1808, desde 1845 el Archivo Estatal de Nápoles está ubicado en el inmenso complejo del monasterio benedictino dedicado a los santos Severino y Sossio. En los más de 24 000 m² del complejo se conserva una gran cantidad de documentos fundamentales para la historia medieval, moderna y contemporánea, en particular del sur de Italia; si se colocaran los ficheros uno al lado del otro, se alcanzaría la increíble longitud de 70 km. En la Sala Torquato Tasso (el poeta se alojó en el convento un largo período de su vida) se conserva una de las piezas más preciadas del archivo: el **'Códice de Santa Marta',** una colección de escudos de reyes, reinas y familias nobles del reino de Nápoles, escritas en pergamino iluminado

L'Archivio Storico del Banco di Napoli

Para quienes aman el papel, buscan su textura y aman el sonido de las páginas al pasar, esto es el paraíso. A 2 min a pie del **Castel Capuano** (plano p. 42, E2), el castillo más antiguo de Nápoles después del Castel dell'Ovo (p. 90), que se puede visitar en ocasiones especiales, **ilCartastorie – Museo dell'Archivio Storico del Banco di Napoli** (plano p. 42, E3; ilcartastorie.it) es el más importante del mundo, con sus 80 km de estanterías y 330 salas. Cuenta la historia de los antiguos bancos públicos de la ciudad resumiendo entre sus artículos la historia económica del Mezzogiorno; el Banco di Pietà nació en 1539 para conceder préstamos sin intereses a los pobres. Así, entre detalladas hojas de pago, libros mayores y pandectas, presentados en un evocador despliegue multimedia y por guías cualificados, se descubren mil historias, como la de Giuseppe Sanmartino, que recaudó 500 ducados para el *Cristo velado* (p. 29), o las de quienes, a principios del s. XX, cruzaron el mar para emigrar, apoyándose en el Servicio de Emigración del Banco di Napoli.

a mano. También es sugerente la **Sala Catasto,** antiguamente utilizada por los monjes como sala capitular, con su techo decorado con frescos y espléndidos estantes de madera, en la que se conservan los documentos catastrales del reino de Nápoles del s. XVIII; lo curioso es que solo atañen a la provincia y no a la ciudad en sí, ya que, según la ley de la época, los ciudadanos estaban exentos de los impuestos sobre las propiedades inmobiliarias. También forman parte del conjunto cuatro claustros con jardines, entre ellos el llamado "del plátano", así como el **ciclo de frescos renacentistas** más completo de la ciudad, obra de Antonio Solario lo Zingaro (conocido como "el gitano"), finalizado en 1515. (archiviodi-statonapoli.it)

Chiesa di Sant'Angelo a Nilo LUGAR DE CULTO

11 PLANO P. 42, C5

Largo Corpo di Napoli, presidido por la **estatua del dios Nilo,** de época romana (aunque la cabeza es del s. XVIII) y encargada por los comerciantes alejandrinos que allí residían, conduce a esta iglesia. Si se logra entrar, hay que ver la **tumba de Rinaldo Brancaccio,** obra conjunta de Donatello, Michelozzo y Pagno di Lapo Portigiani, que trabajaron en Pisa durante todo un año. (Piazzetta Nilo 23)

Real Museo Mineralogico MUSEO

12 PLANO P. 42, C5

Para los amantes de los minerales este museo universitario ubicado

El pescadero revolucionario de Piazza del Mercato

Aunque a primera vista parezca un solar en espera de recalificación, la **Piazza del Mercato** (plano p. 42, F5) fue escenario de acontecimientos históricos como la decapitación, con solo 16 años, de Conradino de Suabia en 1268, a instancias de Carlos de Anjou. También se dice que en esta plaza comenzó un día de julio de 1647 la revuelta encabezada por Tommaso Aniello D'Amalfi, conocido como **Masaniello,** un joven pescadero de actitud revolucionaria que vivía por la zona. Protagonista de canciones, novelas y obras de teatro, Masaniello pasó a la historia por su rebelión contra la presión fiscal del gobierno virreinal español; para algunos un héroe popular, para otros el precursor de los fanfarrones modernos, y al final de su vida considerado loco, fue decapitado a los 27 años. Su cuerpo fue arrojado a una zanja cerca de **Porta Nolana** (plano p. 42, G4).

en la antigua biblioteca del Collegio Massimo dei Gesuiti expone 25 000 hallazgos. Las piezas de la **Colección Vesubiana** son raras y especiales. (www.museiscienzenaturaliefisiche.it)

Chiesa di Santa Maria del Carmine

LUGAR DE CULTO

13 PLANO P. 42, G5

Al sureste del concurrido Corso Umberto I, también llamado *Rettifilo*, donde las tiendas baratas se suceden entre los populares barrios de Pendino y Mercato, se encuentra esta iglesia con el campanario más alto de la ciudad, que data del s. XVII y cuya importancia ha llevado a los napolitanos a acuñar la expresión *"Mamma d'o Carmene"* para indicar que algo es sensacional. Hablando de madres, se dice que fue la de Conradino de Suabia quien financió la ampliación del edificio en memoria de su hijo, decapitado no muy lejos del lugar. En el interior se aconseja buscar el crucifijo milagroso (se habla de una bala de cañón desviada) bajo el arco principal y el icono bizantino de la *Madonna bruna* tras el altar mayor, en un tabernáculo del s. XVI. Los napolitanos también adoran la recreación del incendio del campanario en honor a la Virgen, que tiene lugar cada 15 de julio. (santuariocarminemaggiore.it)

Fondazione Made in Cloister

ESPACIO EXPOSITIVO

14 PLANO P. 42, F2

Este espacio nacido de la restauración del claustro del s. XVI de la Chiesa di Santa Caterina en Formiello pone en valor las tradiciones artesanales y alberga a artistas y diseñadores. También se puede visitar. (madeincloister.com)

Actividades

Napoli Paint Stories

CIRCUITO A PIE

Se puede reservar (por teléfono o a través de la página de Facebook) este recorrido a pie de 2 h 15 min para descubrir algunas de las obras de arte urbano más bellas de las que presume Nápoles. Las firman nombres que van de Banksy a cyop & kaf, de Jorit Agoch a Francisco Bosoletti y muchas otras. Es imposible no considerarlo arte. (facebook.com/Napoli-Paint-Stories)

Dónde comer

Di Matteo

PIZZERÍA, FREIDURÍA €

15 PLANO P. 42, C3

Uno de los mejores ejemplos de comida callejera napolitana desde 1936. A cualquier hora del día, en el mostrador que da a la calle se puede elegir entre humeantes croquetas de patata, *arancini* de arroz y la deliciosa tortilla de pasta, todo para llevar. O se puede saborear la *pizza* en el interior. (facebook.com/anticapizzeriadimatteoofficial)

Da Michele

PIZZERÍA €

16 PLANO P. 42, E4

Hay que estar dispuesto a hacer cola para probar la que la familia propietaria del local desde 1870 definen como la mejor *pizza* margarita del mundo. Y nada de pedir cosas raras: aquí solo se sirve *marinara* y margarita, sin añadir 'tonterías' que alteren el sabor. (www.damichele.net)

Carraturo

PASTELERÍA €

17 PLANO P. 42, G4

Ya sea bajo el sol abrasador del verano napolitano o en un frío día de diciembre, los cálidos y

A la mesa con los napolitanos

¿Qué se come en Nápoles? Pasta y *fasule,* o con patatas y provola, guisantes o lentejas para empezar (siempre con pasta *ammescata,* es decir, mixta); siempre y cuando no se sirva una rica pasta a la genovesa con carne y cebolla, un *scarpariello* (o *sciuè sciuè*) con tomate y albahaca o una pasta con almejas *fujute* (huidas), solo con el aroma de las almejas. Luego pulpitos a la Luciana y carne a la *pizzaiola* con tomate, ajo y orégano, o una berenjena a la parmesana y un sabroso *gattò* de patatas. En Semana Santa, hay que probar el *casatiello* (o *tortano*), un plato rústico con huevo, queso y salami; en Navidad toca un desfile de galletas que, como buenos soldados, entran en escena al final de la comida: *rococò* (con almendras), *mostaccioli* (rombos cubiertos de chocolate), *raffiuoli* (con glaseado de azúcar) y *susamielli* (en forma de S).

ondulados hojaldres de Carraturo, una pastelería abierta en 1837, son un oasis en el desierto. Para un capricho. (www.carraturo.it)

Tarallería Napoletana

TARALLI €

18 PLANO P. 42, C4

Con tomatitos de Piennolo, con *friarelli*, a la genovesa, con albahaca, los clásicos con *'nzogna* (manteca de cerdo) y pimiento... no faltan sabores. Los *taralli*, sabrosos y crujientes, se sirven para comer por la calle o envueltos uno a uno para llevar. (www.tarallerianapoletana.com)

Masardona

ANTIGUA FREIDURÍA €

19 PLANO P. 42, H5

La *pizza* frita de Masardona tiene poca competencia. La Completa, con provola de Agerola, *cicoli* (chicharrones), ricota, tomate y albahaca, es deliciosa. También la Zia Tatina, con escarola salteada; aunque hay que tener cuidado, pues es adictiva. (facebook.com/lamasardona1945)

Fattoria degli Esposti

HORNO €

20 PLANO P. 42, C4

El horno de Maurizio y Fabiana siempre huele a *taralli* recién horneados, a *pizza* y a *graffe* (rosquillas fritas), pero también a los deliciosos *pagnottielli* napolitanos y a la *varchetella* (barquita) de pan con albóndigas y *taralli* desmenuzados. Puede ser un almuerzo completo si se añade *a' frittat' e' maccarun* o tortilla de pasta. (facebook.com/sfiziedrinkeriadellafattoriadegliesposti)

Attanasio

HOJALDRES €

21 PLANO P. 42, G3

Se podría escribir un tratado sobre los hojaldres entre estas paredes, donde reina la tradición y las delicias calientes desfilan ante los ojos de los clientes golosos. El hojaldre de Attanasio roza la perfección. (instagram.com/sfogliatelleattanasio)

Lazzarelle

BISTRÓ €

22 PLANO P. 42, A3

En la Galleria Principe di Napoli, del s. XIX, la cooperativa femenina Lazzarelle abrió hace unos años el bistró homónimo, que ofrece a los reclusos de la prisión de Pozzuoli un proyecto de formación e inclusión. El café lo tuesta la cooperativa según los dictados de la tradición napolitana, y se puede degustar disfrutando de un *brunch* o de un refrigerio. Y sabiendo que detrás hay un bonito proyecto. (facebook.com/Lazzarelle)

Capriccio

BAR PASTELERÍA €

23 PLANO P. 42, E2

Entre los *babà* que están pisando fuerte en Nápoles figura el de Capriccio, cuyo tamaño ya seduce a primera vista. Aquellos que deseen experimentar pueden pedir el relleno de crema de leche y jarabe de vainilla. Puro placer. (facebook.com/capriccio1917)

Carmnella

PIZZERÍA €

24 PLANO P. 42, H4

Existe al menos una razón para aventurarse en el concurrido y animado barrio de Mercato: la *pizza* de Vincenzo Esposito. Pero hay que ir con calma. Para empezar se pide *panzarotto* y tortilla de pasta con *scarpariello* (sobras de ragú). Luego se continúa con la Filumè, una *pizza* con tomatitos de Piennolo, provola de Agerola y albahaca rizada napolitana, o quizá con la imprescindible *salsiccia e friarelli*, o con la Casa Cupiello, que entre muchos otros ingredientes lleva escarola guisada. Los nombres ya lo dicen todo. (www.carmnella.com)

Zio Rocco Lab Store

CRUASANES €

25 FUERA DE PLANO P. 42, H1

Quien desee rejuvenecer y revivir la experiencia de comer un cruasán en plena noche debe ir a Zio Rocco, un ídolo para los niños. El local solo abre en horario vespertino y nocturno, y sus dulces cruasanes son creaciones refinadas y de calidad, rellenos de cosas buenas. Es indispensable probar el *cuore caldo*, que está relleno de crema de chocolate. Hay que ir preparado para las largas colas. (facebook.com/zioroccolabstore)

O' Cuzzetiello

COMIDA CALLEJERA €

26 FUERA DE PLANO P. 42, H1

La especialidad de este establecimiento es el *culetto* de pan rústico, omnipresente en las mesas de los verdaderos napolitanos, generosamente relleno de salchicha y *friarelli*, o tal vez de albóndigas con ragú, berenjenas y setas, o incluso de carne a la genovesa. Se trata de la comida callejera que uno siempre había soñado. (facebook.com/oCuzzetiello)

El dulce regalo a Partenope

Un día, mientras seducía a la ciudad con sus melodiosos cantos, la sirena Parténope fue honrada por los napolitanos con siete regalos: ricota, huevos, trigo, harina, agua de azahar, azúcar y especias. Así nació la **'pastiera'**. Leyendas aparte (una más reciente, no compartida por los puristas, dice que las siete franjas decorativas recuerdan los antiguos cardos y decumanos), parece que este pastel de Pascua ya existía desde el s. XVII, y siguen siendo famosos los pasteles elaborados por las monjas del convento de San Gregorio Armeno. Los pasteleros y las madres napolitanas de hoy tienen el honor de mantener viva esta tradición.

Al Polo Nord

HELADERÍA €

27 PLANO P. 42, E4

En el histórico barrio de Pendino se encuentra una heladería igualmente histórica, la más antigua de Nápoles. Abrió sus puertas en 1931 y siempre ha estado regentada por la familia de Antonio Raio. Sus abuelos empezaron el negocio y todavía hoy se sirve el eterno *spumone*, un semifrío hecho a mano y conservado en moldes de acero según la tradición, desmoldado cuando está listo para degustarlo. Imprescindible. (facebook.com/Alpolonord1931)

Baccalaria

TABERNA €€

28 PLANO P. 42, B6

Deliciosa taberna-bodega que honra el bacalao en todas sus formas. Reina la buena materia prima y el cuidado en la presentación. Se recomienda probar los *tubetti alla Nerano* y el bacalao a la napolitana, primero frito y luego horneado. ¡Hay que olvidarse de la moderación! (www.baccalaria.it)

Cisterna

BISTRÓ €€

29 PLANO P. 42, A5

En este bistró y coctelería, cuyo nombre recuerda que en este lugar hubo antiguamente cisternas de aceite, se sirven cócteles acompañados, por ejemplo, de *baos* con salmón marinado, carpacho de calabacín y mayonesa al eneldo. Un establecimiento donde nada es aburrido. (www.cisternabistrot.it)

Da Donato

RESTAURANTE €€

30 PLANO P. 42, G4

A un paso de Porta Nolana (una de las más antiguas de la ciudad, con la Torre della Fede a la izquierda y la de Speranza a la derecha, cerca de un colorido mercado), Marilena, con el oficio en la sangre, cocina *ziti spezzati* al ragú y una pasta a la genovesa cuyo aroma conmueve incluso a los más imperturbables. Calma y amabilidad.

Dónde beber

Il Birraiuolo

CERVEZA ARTESANAL

31 PLANO P. 42, A4

Para tomar una cerveza artesanal se aconseja esta pequeña y muy popular cervecería en el centro histórico, donde las veladas transcurren plácidamente. (facebook.com/birraiuolo)

Libreria Berisio

LIBROS, CÓCTELES

32 PLANO P. 42, A4

En la "calle de los libros", Berisio es librería durante el día y coctelería a la hora del aperitivo. Un lugar especial para saborear una buena bebida rodeados de libros, algunos de ellos en ediciones raras. Quizá entren ganas de comprar uno. (facebook.com/Berisio)

Pepi Vintage

COCTELERÍA

33 PLANO P. 42, B4

Un equipo exclusivamente femenino lleva esta coctelería, donde manos expertas mezclan con soltura exquisitas preparaciones, se ofrece picoteo y suena buena música. Ambiente acogedor. (facebook.com/PepiVintageRoom)

Ennò

VINO Y MÚSICA

34 PLANO P. 42, A4

Quien busque vida nocturna puede dirigirse a la zona de Piazza Bellini. Entre las propuestas figura esta coctelería, abierta, como dicen los propietarios, "a mentes libres de prejuicios y a pesar de los pesimistas", donde también se puede escuchar música en vivo. (facebook.com/enno.napoli)

Cannabistrò

BAR DE CANNABIS

35 PLANO P. 42, A4

Bar de cannabis para relajarse y probar platos y bebidas a base de cannabis, o no. Entre luces difusas y cócteles exquisitos, la noche discurre casi sin que uno se dé cuenta. También se puede cenar. (cannabistro.it)

Nick & Nora

COCTELERÍA

36 PLANO P. 42, A4

El lema de este pequeño local es "ambiente *déco*, buena bebida a gogó". Y es verdad: los cócteles son refinados y bien elaborados, el ambiente es agradable y los clientes saben lo que beben. (instagram.com/nickenoranapoli)

Intra Moenia

CAFÉ LITERARIO

37 PLANO P. 42, B4

En la encantadora Piazza Bellini, puerta de entrada al centro histórico, lugar de encuentro de artistas e intelectuales (no muy lejos está el Conservatorio di San Pietro a Majella) y hogar de los restos de las antiguas murallas griegas, se encuentra este precioso café literario de estilo parisino, con una animada vida cultural. (intramoenia.it/caffe-letterario)

Ocio

Teatro Bellini

TEATRO

38 PLANO P. 42, A3

Teatro, danza y música se programan en esta casa de las artes muy apreciada por los napolitanos. Es un placer asistir a los espectáculos en su antiguo y hermoso salón, construido en 1878 e inaugurado con un espectáculo de circo. (www.teatrobellini.it)

Fondazione Morra Greco

ESPACIO EXPOSITIVO

39 PLANO P. 42, C3

Este espacio expositivo de cinco plantas y 2000 m^2, encargado por el coleccionista Maurizio Morra Greco, se aloja en el Palazzo

Eduardo y el Teatro San Ferdinando

Corría el año 1948 cuando **Eduardo De Filippo** (1900-1984) decidió comprar con su dinero el **Teatro San Ferdinando** (plano p. 42, E1; teatrodinapoli.it/san-ferdinando), endeudándose y rescatándolo del abandono tras los bombardeos aliados. Esta valiente elección duró 13 años, hasta que el dramaturgo tuvo que rendirse ante las deudas. Por suerte, vendrían tiempos mejores. Hoy puede visitarse el camerino de Eduardo y una exposición dedicada a él.

Caracciolo di Avellino del s. XVI (donde Torquato Tasso vivió cuatro años). Se centra en el arte contemporáneo; no hay una colección permanente, sino exposiciones temporales. (facebook.com/fondazionemorragreco)

Magazzini Fotografici

ESPACIO EXPOSITIVO

40 PLANO P. 42, C3

Para los amantes de la fotografía este espacio en el antiguo Palazzo Caracciolo di Avellino, símbolo de la regeneración urbana, acoge exposiciones temáticas, charlas y talleres. (magazzinifotografici.it)

Shanti

BAR MUSICAL Y ARTÍSTICO

41 PLANO P. 42, C5

El aura de Oriente se percibe ya al contemplar el colorido mobiliario. Es el lugar perfecto para disfrutar de cócteles temáticos y platos orgánicos, escuchar sesiones de DJ, asistir a proyecciones y conocer gente. Bonita propuesta oriental napolitana. (facebook.com/ShantiSPACCANapoli)

Teatro Trianon Viviani

TEATRO

42 PLANO P. 42, E4

La sala, dedicada al teatro y a la canción napolitana y dirigida hoy por la querida Marisa Laurito, abrió sus puertas en 1911 con Vincenzo Scarpetta, el Don Felice Sciosciammocca en la comedia *Miseria y nobleza* de su padre Eduardo. Aún hoy es el destino de quienes aprecian la canción napolitana y el entretenimiento teatral. (www.teatrotrianon.org)

Napulitanata

SALA DE CONCIERTOS

43 PLANO P. 42, A3

Se trata de un pequeño local similar a un tablao flamenco, pero dedicado a la canción clásica napolitana y a la tarantela. Es el lugar ideal para una inmersión total en la cultura napolitana. (facebook.com/Napulitanata)

De compras

La Scarabattola

BELENES

44 PLANO P. 42, C4

Los hermanos Scuotto envían sus creaciones a todo el mundo. Es tentador llevarse a casa un Olichinela, un bufón, un san Genaro o un jorobado de la suerte modelado por manos expertas. Cada uno cuenta una historia. (www.lascarabattola.it)

Rafele 'O Lattaro

EMBUTIDOS

45 PLANO P. 42, C4

Si se quiere comprar un excelente queso de Campania, esta tienda de Via dei Tribunali es una garantía: nunca falta la mozzarella de búfala. ¡Feliz compra! Y si hay hambre, sirven tablas ricas.

Pascale 'o nummararo

ARTESANÍA

46 PLANO P. 42, F1

Los carteles de las fruterías de Nápoles están casi todos pintados a mano por Pasquale De Stefano, el último artesano de los letreros de la ciudad, que trabaja en un bajo de Vico Finale, en el barrio de Borgo di Sant'Antonio Abate (zona no exenta de conflictos). Pasquale recibe, junto con su esposa, con la actitud de un general: nació en la zona y permaneció en ella toda su vida para dar rienda suelta a su arte. Lamentablemente no tiene herederos y su oficio está desapareciendo. Verlo trabajar es conmovedor, así que hay que adentrarse en este estrecho callejón y pedir permiso para entrar. Si Pasquale tiene tiempo, se puede comprar un cartel realizado *in situ*, además del recuerdo de una Nápoles auténtica.

Aretè — JOYAS ARTESANALES

47 PLANO P. 42, B5

Con metales y piedras semipreciosas, Martina crea pequeñas obras maestras: colgantes con cartas del tarot, pendientes con la sirena Parténope, amuletos de Nápoles... Difícil elegir. (areteartigianato.com)

ilfilodipartenope — LIBROS ARTÍSTICOS

48 PLANO P. 42, B4

Pequeña editorial que también produce libritos encantadores, cada uno con diferentes papeles, costuras, cuentos y poemas. Un bonito homenaje a Nápoles, que vale la pena coleccionar. (www.ilfilodipartenope.it)

Baule Volante — TIENDA VINTAGE

49 PLANO P. 42, D4

Hay tiendas de segunda mano donde la ropa y los objetos no parecen estar tirados, abandonados

Pascale 'o nummararo.

a la espera de que alguien vuelva a cuidarlos y darles una nueva vida. Y dan ganas de comprar. (facebook.com/baulevolantevintage)

Librido — LIBRERÍA

50 PLANO P. 42, C4

En una calle apartada se encuentra la colorida librería independiente de Roberto y Manola, un lugar donde perderse entre maravillosos libros ilustrados para niños (y para adultos apasionados por el género). (facebook.com/librerialibrido)

Cosmos — ARTESANÍA

51 PLANO P. 42, C4

Tradicionalmente los cuernos son para regalar, mejor rojos, de terracota y hechos a mano, lejos de imitaciones. Hay que pinchar con él la mano izquierda del que reciba el regalo. (cosmosangregorioarmeno.com)

Jijilovemade ACCESORIOS

52 PLANO P. 42, B4

Telas de seda *vintage* y bolsos de cuero confeccionados a mano para cada ocasión, especialmente para *looks* caprichosos. Es el lugar ideal para encontrar piezas únicas. (facebook.com/JijiLovemade)

Colonnese LIBRERÍA

53 PLANO P. 42, B4

Dispone de libros antiguos y raros, grabados y fotografías antiguas y volúmenes interesantes sobre Nápoles. Es una buena referencia para saber más de la ciudad. (facebook.com/colonneselibriealtro)

Le Voci di Dentro TALLER DE ARTE

54 PLANO P. 42, C4

Con un nombre tomado de una obra de Eduardo De Filippo, este taller en Spaccanapoli ofrece, entre otras creaciones, el icónico san Genaro en resina de colores brillantes. Imprescindible. (facebook.com/LeVociDiDentroOfficial)

Borgo Orefici

Las calles al sur del tramo inicial de Corso Umberto I son las de **Borgo Orefici** (plano p. 42, D6), parte del distrito de Pendino, nombre que deriva de las calles cuesta abajo que dan al mar. El barrio nació en la Edad Media, cuando Carlos II de Anjou reconoció la profesión de los orfebres, cuyas tiendas florecieron en este cruce con la Piazzetta Orefici en el centro. Aún hoy en día alberga talleres históricos.

Carmine Cervone IMPRENTA, MUSEO

55 PLANO P. 42, C3

En esta imprenta, Carmine, que heredó el oficio de su abuelo y luego de su padre, crea libros con linotipia, en una cruzada a contracorriente para defender a los caracteres del paso del tiempo. Entre sus muros también se puede visitar el museo tipográfico más pequeño del mundo, con una imprenta del s. XIX y otras máquinas antiguas. Una joya. (facebook.com/OfficinaDartiGraficheDiCarmineCervone)

Spiff Creation CREACIONES ARTÍSTICAS

56 PLANO P. 42, B5

Andrea Maresca trabajaba en el estanco familiar. Un buen día se dio cuenta de que su vena creativa era incontenible. Ahora se lo puede ver en Spaccanapoli, en una tienda repleta de sus creaciones: tazas, camisetas, bolsos y cajas decoradas con elegantes ilustraciones. (spiffcreation.it)

Agostino 'O Pazzo ANTICUARIO

57 PLANO P. 42, D3

Es difícil resumir las rocambolescas aventuras de Antonio Mellino, el motociclista imparable (llamado Agostino 'O Pazzo, "el loco", en honor al campeón Giacomo Agostini), el pícaro galán que en la década de 1970 circulaba a toda velocidad por Nápoles perseguido por la policía y que acabó haciendo algunas apariciones en el cine. Un 'maldito' que se ha calmado y hoy regenta la tienda de antigüedades familiar frente a la *Sant'Agnese* de Banksy (p. 41), de la que se considera custodio. Es un tipo rudo, pero tiene mucho que contar. Como las cosas que vende.

L'artigiano Freak SOMBREROS

58 PLANO P. 42, B4

Con el sol abrasador del verano napolitano, un sombrero es imprescindible. En este establecimiento se puede comprar uno hecho en Nápoles, junto con otros accesorios. (artigia-nofreak.it)

Cantone & Costabile BELENES

59 PLANO P. 42, B5

Los gaiteros, los querubines, los niños, los burros y los Reyes Magos de estos maestros del arte del belén son tan bellos que mostrarlos solo en Navidad es casi una ofensa. Si se desea comprar algo que sirva para todo el año, hay que preguntar por sus Polichinelas de terracota y madera y pintadas al óleo, con ojos de cristal y ropajes de seda o damascos de San Leucio. (www.artepresepiale.it)

Ferrigno BELENES

60 PLANO P. 42, C4

Desde 1836, los Ferrigno crean personajes de terracota expresivos y refinados, perfectos como adornos. Pasear por la tienda, entre

Creación de La Scarabattola (p. 60).

pastores, ángeles y figuras de 38 cm de altura, es una invitación a renovar el belén. (www.arteferrigno.it)

Libreria Neapolis LIBROS

61 PLANO P. 42, C2

Quien busque libros sobre Nápoles o esté fascinado por las librerías del pasado donde se cultiva el contacto humano descubrirá en este establecimiento las mil caras de esta carismática ciudad. (facebook.com/Libreria.Neapolis)

Minniti Design ARTESANÍA RECICLADA

62 PLANO P. 42, C4

El artesano Giancarlo Minniti resiste, no cede a la moda y continúa creando objetos con piezas recicladas en su taller de Vico San Nicola al Nilo. Contra el desperdicio.

Explorar

Via Toledo y Quartieri Spagnoli

En esta zona se muestra el esplendor de Nápoles, con sus centros de poder, el Palazzo Reale que remite a las glorias del pasado, la ópera, la plaza pública, la larga calle comercial y el puerto desde el que llegar a las islas. Pero no hay nada falso ni fingido: la verdad de los Quartieri Spagnoli, sus poderosos murales, las callejuelas donde se saca a Maradona en procesión y las terrazas donde la gente sonríe son el alma de esta zona. Aquí se entiende por qué Nápoles ha sido tan importante en la historia y por qué su gente, que ha visto pasar a tantos gobernantes ambiciosos, va un paso por delante.

Lo esencial

- **Galleria Borbonica (p. 66)** *Un túnel excavado bajo la colina de Pizzofalcone que alberga mil historias.*
- **Quartieri Spagnoli (p. 68)** *Entre las concurridas callejuelas se descubre la verdadera alma de los napolitanos.*
- **Palazzo Reale (p. 72)** *Para acoger al rey de España se necesitaba un edificio que dejara boquiabiertos a los visitantes. Un ejemplo de magnificencia.*
- **Piazza del Plebiscito (p. 74)** *La plaza más importante, de las más famosas de Italia e imagen típica de Nápoles.*
- **Castel Nuovo (p. 76)** *Desde mar o desde tierra siempre se distingue su inconfundible fisonomía.*

Cómo llegar y desplazarse

M Estaciones de metro: Municipio, Università, Toledo, Dante. Paradas del funicular: Montesanto, Petraio, Corso Vittorio Emanuele, Augusteo.

Plano de la zona en p. 70.

Quartieri Spagnoli. PIXELSHOP/SHUTTERSTOCK.COM ©

Las mejores experiencias

Explorar el vientre de Nápoles en la Galleria Borbonica

Mientras se pasea por Nápoles, hay que tener presente que bajo el suelo hay otra ciudad, inmersa en el silencio y el misterio. Entre los túneles y galerías que recorren esta cara oculta, la Galleria Borbonica es el tramo más fascinante, entre túneles para las tropas decimonónicas, canteras de toba y cisternas de agua, refugios para la población durante la guerra, almacenes de vehículos incautados a delincuentes y un antiguo vertedero.

PLANO P. 70, C7

www.galleriaborbonica.com

M Municipio

La galería en el pasado

Todo empezó en 1853, cuando el despótico Fernando II, rey de las Dos Sicilias, empezó a pensar en una vía de escape en caso de que se produjera una revuelta popular. Y encargó al arquitecto Errico Alvino la construcción de un túnel que conectara el **Palazzo Reale** (p. 72) con los cuarteles, pasando bajo la colina de Pizzofalcone. Sin embargo, seis años después el rey murió y la obra quedó inconclusa. Durante la II Guerra Mundial las estancias sirvieron como refugio (aún hoy se pueden ver los baños, utensilios de cocina y pintadas en las paredes), donde se dice que se refugiaron entre 5000 y 10000 napolitanos para evitar una muerte segura. La posguerra transformó el subsuelo en un vertedero ilegal (mucha gente arrojaba escombros y basura a los pozos), luego en un almacén de coches y motos incautados a delincuentes o de materiales recuperados de derrumbes y desalojos. Hasta que una asociación limpió las salas, las iluminó con sabiduría teatral y las abrió al público hace poco más de diez años.

La galería hoy

Entre oquedades, cisternas de aguas cristalinas, pozos y puentes, se ven imágenes increíbles. Existen varias entradas y diferentes rutas para elegir, todas ellas guiadas. El recorrido **Estándar** (entrada por Vico del Grottone o desde el aparcamiento Morelli; aprox. 1 h) es apto para todos los públicos. Otras opciones son los recorridos **Aventura** y **Speleo Light** (ambos con entrada desde el aparcamiento Morelli; 1 h 30 min); en el primero se navega en balsa por una línea de metro incompleta y se recorren los túneles de un acueducto; el segundo permite adentrarse en preciosas cisternas todavía llenas de agua, como un espeleólogo; no son recomendables para quien sufra de claustrofobia. Finalmente, la **Via delle Memorie** también incluye una visita al **Palazzo Serra di Cassano** (entrada por Via Monte di Dio 14; 1 h 15 min).

★ Consejos

- Para los recorridos Aventura y Speleo Light hay que llevar ropa deportiva.
- Aunque esté bajo tierra, el itinerario Estándar no es agobiante, pues el túnel está perfectamente ventilado.
- Durante el recorrido no lo dicen, pero parece que esta galería también estaba habitada por poceros (llamados "*munacielli*"), quienes, mientras trabajaban en estas cavidades, se metían en las casas para tomar un refrigerio, robar o seducir a las mujeres. Aún hoy, si algo desaparece en una casa, los napolitanos dicen: "fue un *munaciello*".

✕ Una pausa

El histórico **Gran Caffè Gambrinus** (grancaffegambrinus.com) es una garantía siempre: las colas de langosta (hojaldres), los *zeppole di San Giuseppe* y los postres de San Gennaro son especiales. Desde la emperatriz Sissi hasta Hemingway, todos han pasado por aquí.

Circuito a pie

Quartieri Spagnoli y alrededores

Desde la arteria comercial de Via Toledo, en dirección a Piazza della Carità, a la izquierda se agolpan, hasta la colina de San Marino, numerosas callejuelas empinadas salpicadas de bajos y edificios nobles, tiendas, restaurantes y ruidosos ciclomotores. Son los Quartieri Spagnoli, llamados así desde el s. XVI, cuando el virrey Pedro de Toledo concentró en ellos las tropas españolas. Hoy en día es hogar de los napolitanos, siempre dispuestos a recibir a los viajeros.

Datos

Inicio Museo Hermann Nitsch

Final Gennaro

Distancia 4,5 km; 5 h 30 min con paradas

❶ Museo Hermann Nitsch

En una antigua fábrica se encuentra este **museo** (www.musconitsch.org) dedicado a Hermann Nitsch, un artista austriaco al que le encanta sorprender al visitante. Con una entrada conjunta también se puede visitar la **Casa Morra** (casamorra.org), propiedad del mismo mecenas del Museo Nitsch: Giuseppe Morra.

❷ Mercato della Pignasecca

Hay productos para todos los bolsillos y puestos de comida en el **mercado** de Via Pignasecca, el más antiguo de la ciudad, muy activo y donde muchos napolitanos realizan sus compras.

❸ Antica Pizzeria al 22

Una de las mejores *pizzas* de la zona es la de la **Antica Pizzeria al 22** (al22pizzeria.it), que también es un restaurante informal muy popular entre los lugareños.

❹ Santa Maria ad Ogni Bene ai Sette Dolori

Para tener una hermosa vista de Spaccanapoli hay que subir a esta **iglesia,** que se dice que alberga los restos del arquitecto Cosimo Fanzago.

❺ Foqus

Foqus Fondazione Quartieri Spagnoli (foqusnapoli.it) es un espacio renovado que ha contribuido mucho al resurgimiento de la zona. Promueve modelos de bienestar comunitario, integración y educación, pero también tiene un patio para eventos, arte contemporáneo, proyecciones, restauración y encuentros literarios. Una joya.

❻ La Bodega de D10S

La Bodega de D10S (facebook.com/muralesmaradona), un bar de barrio auténtico, es el lugar indicado para juntarse con los vecinos, tomar un cóctel y comer una *zingara* (especie de tostada) para matar el hambre.

❼ Murales de Diego Armando Maradona

Frente al bar, hay un gran mural del "Pibe de Oro", representado con la camiseta del Nápoles y el brazalete de capitán. Aquí los napolitanos se reunieron para rendir homenaje al excepcional futbolista tras su muerte, el 25 de noviembre del 2020, y también en el 2023, cuando el Nápoles ganó el *scudetto*, el campeonato nacional italiano. Pintado por Mario Filardi en 1990, se dice que fue realizado con una colecta en el barrio y a la luz de los faros de los coches por la noche. En los últimos años se ha convertido en un destino de peregrinación.

❽ Mural 'La Pudicizia'

Junto al Pibe, este **mural** del artista argentino Francisco Bosoletti representa la delicada *Modestia* del Museo Cappella Sansevero (p. 28), pero "en negativo": se necesita un filtro de teléfono inteligente para poder ver el tema "en positivo".

❾ Santa Maria Francesca delle Cinque Piaghe

Las mujeres que quieren ser madres piden ayuda a la santa sentándose en la silla de madera en la que descansaba, en su casa conventual anexa a la iglesia (santamariafran-cescanapoli.it). Quién sabe, quizá mande a la cigüeña...

❿ Gennaro

Este itinerario circular termina cenando la comida callejera napolitana por excelencia en el espartano **Gennaro,** donde la *pizza* frita no admite tonterías y gusta a todos. Tan buena como siempre.

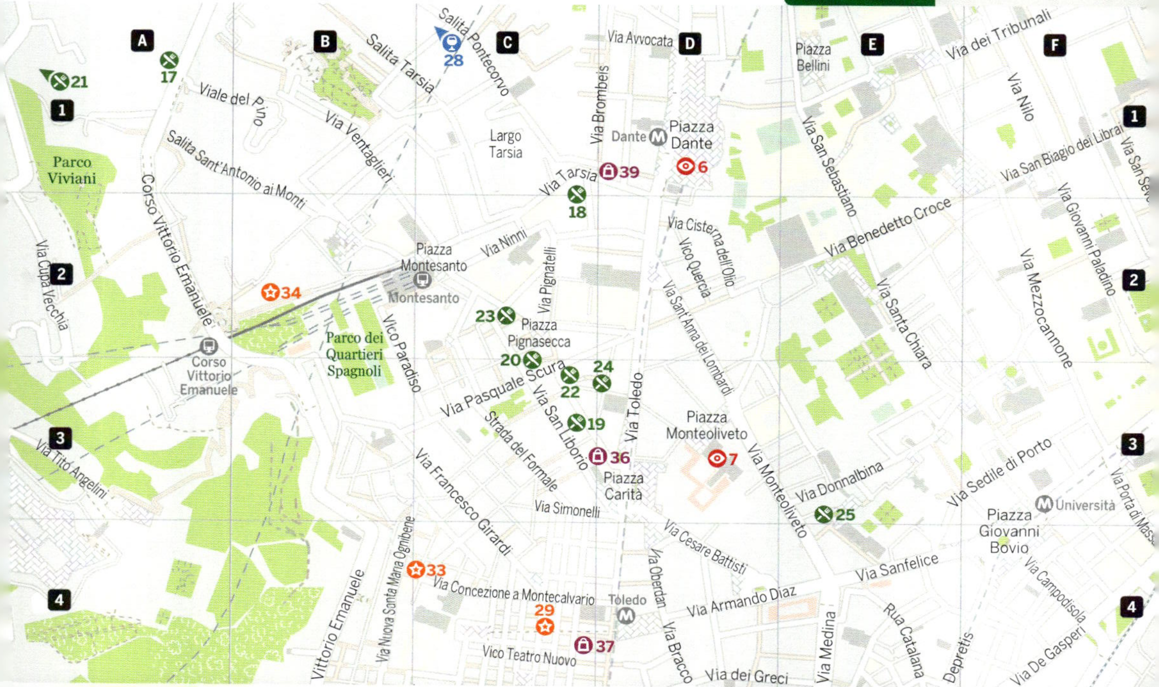
A
B
C
D
E
F
1
2
3
4
21
17
28
Salita Tarsia
Salita Pontecorvo
Via Avvocata
Piazza Bellini
Via dei Tribunali
Viale del Pino
Via Ventaglieri
Largo Tarsia
Via Brombeis
Dante
Piazza Dante
Via Nilo
Via San Sebastiano
Via San Biagio dei Librai
Parco Viviani
Salita Sant'Antonio ai Monti
Via Tarsia
39
6
18
Corso Vittorio Emanuele
Via Benedetto Croce
Via Giovanni Paladino
Via Cisterna dell'Olio
Via Cupa Vecchia
Piazza Montesanto
Via Ninni
Vico Quercia
Via Mezzocannone
34
Montesanto
Via Pignatelli
Via Sant'Anna dei Lombardi
23
Piazza Pignasecca
Via Santa Chiara
Parco dei Quartieri Spagnoli
Vico Paradiso
Corso Vittorio Emanuele
20
24
22
Via Pasquale Scura
Via Toledo
Via San Liborio
19
Strada del Formale
Piazza Monteoliveto
36
7
Via Tito Angelini
Via Francesco Girardi
Piazza Carità
Via Monteoliveto
Via Donnalbina
Via Sedile di Porto
Università
Via Porta di Massa
Via Simonelli
25
Piazza Giovanni Bovio
Via Cesare Battisti
33
Via Concezione a Montecalvario
Toledo
Via Oberdan
Via Sanfelice
Via Campodisola
Via Armando Diaz
29
Vittorio Emanuele
Via Nuova Santa Maria Ognibene
Rua Catalana
Via Medina
Depretis
Via De Gasperi
Vico Teatro Nuovo
37
Via Bracco
Via dei Greci

Via Toledo y Quartieri Spagnoli

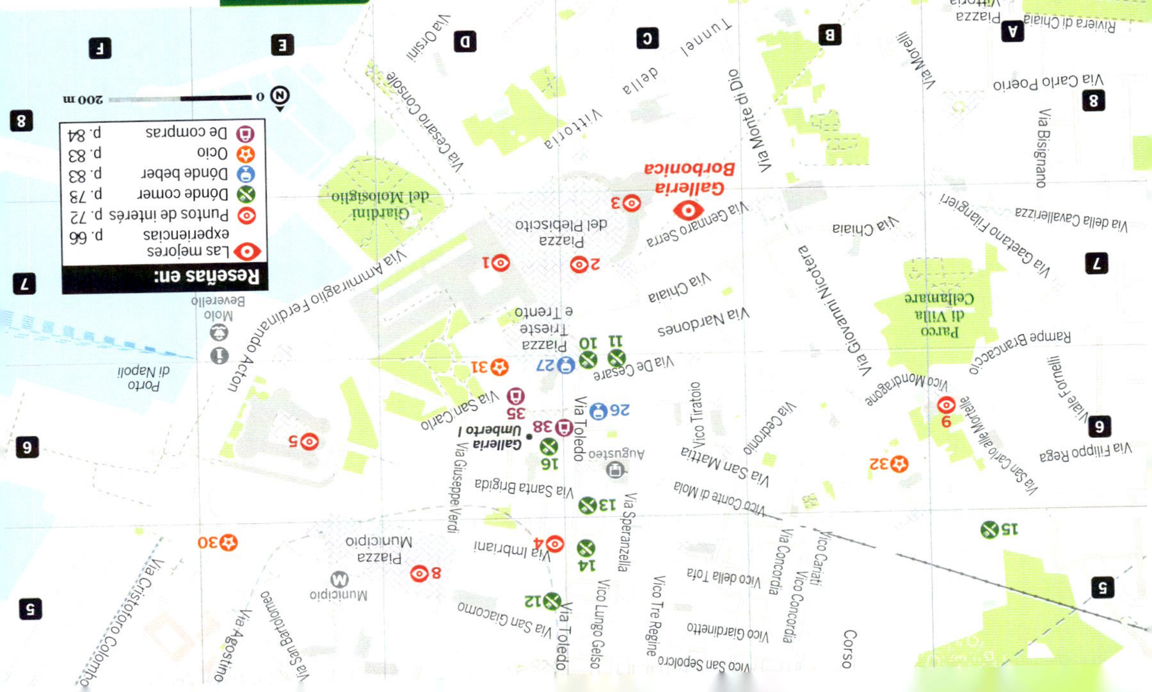

Puntos de interés

Palazzo Reale di Napoli

MUSEO, EDIFICIO HISTÓRICO

1 PLANO P. 70, D7

Para recibir al rey de España Felipe III se necesitaba un palacio extraordinario, algo que Nápoles no había tenido nunca. Así, en 1599, el virrey Fernando Ruiz de Castro inició la imponente obra justo en los jardines del Palazzo Vicerreale, cerca del mar. Pero fueron necesarios dos siglos para darle al edificio el aspecto que hoy se puede admirar. La fachada, de piedra volcánica, piperno y terracota, se extiende a lo largo de 169 m en la Piazza del Plebiscito y alberga las ocho estatuas de los principales reyes de Nápoles, encargadas por Umberto I; la quinta desde la izquierda, la que representa a Carlos V, es del gran escultor napolitano Vincenzo Gemito. Una vez en el interior, al pasar por el patio de honor (también están el **patio de carruajes** y el **patio del belvedere**) para llegar a la planta principal, se sube por la gran **escalera de honor** construida en 1651 y enriquecida con mármol y estuco. Treinta salas componen el **Museo di Palazzo Reale.** El asombro es la sensación recurrente durante la visita. El **Teatro de la Corte,** creado en 1768 por Ferdinando Fuga con motivo de la suntuosa boda de María Carolina de Habsburgo y Fernando IV de Borbón, está decorado con 12 estatuas de divinidades y musas, obra de Angelo Viva, que parecen de mármol, pero en realidad están hechas de papel maché. En la **Sala del Trono** (VI) hay un asiento del s. XIX al que se le ha añadido un águila de Saboya. En la **Galería** (VIII) es imposible no fijarse en los dos tapices franceses; en la **Sala Flamenca** destaca el lienzo *Los recaudadores de impuestos* de Marinus van Reymerswaele; la expresión consternada del pagador es universal. En el **Estudio del Rey** (XIII) hay que admirar los muebles de los ebanistas Adam Weisweiler y Pierre-Philippe Thomire. Desde estas salas, por una tarifa de 3 € se puede acceder al espectacular **Giardino Pensile** (11.00, 11.45, 12.30 sa, do y festivos, previa reserva en la taquilla), con plantas trepadoras y buganvillas, fuentes, parterres y bancos neoclásicos con vistas al mar y al Vesubio. De las salas XIV a XX, hay que ver la importante **Pinacoteca.** En la **Sala de Hércules** (XXII) se aconseja buscar la **Máquina de Clay,** un pequeño reloj de 1730 de Jacques Thuret y André-Charles Boulle, con un Atlas que quizá no sea tan gigantesco como el del MANN (p. 38), pero que parece igualmente agotado. Junto a la Sala de Hércules, la **Capilla Real,** diseñada por Picchiatti, invita al descanso; consagrada en 1646, además de las ceremonias religiosas, sirvió como escuela de música napolitana y hogar de los maestros de capilla (entre ellos Scarlatti y Pergolesi). Llama la atención el altar mayor adornado

Sala del Trono, Palazzo Reale di Napoli.

con piedras preciosas y bronce (1674), creado por Dionisio Lazzari. Durante la visita también se puede subir al **Belvedere,** una azotea con grandes ventanales que dan al golfo, antiguamente reservada a la familia real. Conviene saber que, como novedad, en una sala situada al final del recorrido del Apartamento de Etiqueta, se ha creado una instalación dedicada al **belén napolitano** del s. XVIII, con obras de los principales artistas de la época, entre ellos Giuseppe Sanmartino, el autor del *Cristo velado* (p. 29), y Francesco Celebrano, expuesto anteriormente en la Capilla Real. La **Galleria Genovese,** que en el s. XIX conectaba el Palacio Real y el palco real del Teatro di San Carlo, está dedicada a exposiciones temporales. También se inauguró en los Establos de los Borbones la **Galleria del Tempo,** con una exposición permanente sobre la historia de Nápoles, mientras que en julio del 2023 el palacio se enriqueció con el **Museo Caruso** (palazzorealedinapoli.org/museo-caruso), dedicado al famoso tenor. El palacio también alberga la **Biblioteca Nazionale di Napoli** (bnnonline.it), con una colección de papiros de Herculano, manuscritos de santo Tomás de Aquino, Giacomo Leopardi, Torquato Tasso y muchos otros, y la **Biblioteca Lucchesi Palli** del s. XIX, igualmente digna de mención. Después de tanto arte e historia, llega el momento de dar un paseo por el Giardino Romantico, creado con mimo y gusto por el botánico Federico Dehnhardt en

ROBERTO SERRA/IGUANA ©

Pasillo dorado de las Gallerie d'Italia.

1842 y presidido por dos majestuosos y centenarios ejemplares de *Ficus macrophylla*.

Muy cerca, en la planta baja del Teatro di San Carlo (p. 84), se puede visitar el **MeMus** (teatrosancarlo.it), museo y archivo histórico del teatro. (palazzorealedinapoli.org)

Piazza del Plebiscito PLAZA

2 PLANO P. 70, C7

Esta plaza, que es el corazón del barrio de San Ferdinando y separa Via Toledo del paseo marítimo, toma su nombre del plebiscito del 21 de octubre de 1860, que sancionó la anexión del reino de las Dos Sicilias a Italia. Escenario de celebraciones, manifestaciones y acontecimientos históricos, es tan grande (25 000 m^2), luminosa y monumental que casi dan ganas de situarse en el centro y empezar a girar para tener una vista de 360°. Al norte se ve el Palazzo della Foresteria, con la Prefectura, y detrás, en lo alto, el Castel Sant'Elmo (p. 130) y la Certosa di San Martino (p. 134). Al sur se halla el Palazzo Salerno, hoy edificio militar; al este el Palazzo Reale, y al oeste la Basilica di San Francesco di Paola (p. 75), con dos **estatuas ecuestres** al frente que parecen custodiarlo: mirando a la iglesia, la de la derecha representa a Carlos III de Borbón frenando a su caballo jadeante y es obra de Antonio Canova, mientras que la de la izquierda representa al hijo de Carlos, Fernando I de las Dos Sicilias, pero solo el caballo es de Canova (el resto es obra de un discípulo).

Basilica di San Francesco di Paola

LUGAR DE CULTO

3 PLANO P. 70, C7

Primero fue Joachim Murat, quien en 1809 encargó la construcción de la espectacular columnata en hemiciclo para celebrar la dominación francesa. Fernando I de Borbón le aguó la fiesta en 1817: para celebrar la reconquista del poder y a modo de exvoto, ordenó construir la monumental basílica pontificia en el centro de esa columnata tan querida por los franceses, confiando la tarea al arquitecto Pietro Bianchi. La construcción neoclásica, con pronaos, planta circular y cúpula con casetones de 53 m de altura, recuerda voluntariamente al Panteón de Roma. En el interior hay que fijarse en las 34 columnas de mármol de Mondragone, con capitel corintio y la flor de lis borbónica, que enmarcan el interior y el altar mayor de pórfido, obra del florentino Ferdinando Fuga.

Gallerie d'Italia

MUSEO

4 PLANO P. 70, D5

En la larga hilera de tiendas de cadenas y baratas de Via Toledo, una de las calles comerciales más concurridas de la ciudad, encargada en 1536 por el virrey Pedro de Toledo, destacan las Gallerie d'Italia, uno de los centros museísticos gestionados por una importante fundación bancaria, junto con los de Milán, Turín y Vicenza, para poner en valor su notable patrimonio artístico. En el edificio donde estaba situado el Banco di Napoli (cerca de la antigua sede del Palazzo Zevallos Stigliano), la fundación conserva y exhibe una increíble colección de obras de arte que van desde el s. XVI hasta la actualidad, con una presentación moderna y refinada: iluminación *ad hoc*, paredes de colores que realzan los cuadros, incluso perfumes para que el visitante perciba a través del olfato el ambiente de las obras que está contemplando. Lo más destacado del museo es, sin duda, el **'Martirio de santa Úrsula'** (1610), una obra atribuida a Caravaggio en la década de 1980, después de su adquisición por parte del banco. Es la última obra del pintor, que falleció a las pocas semanas de iniciarla y la ejecutó con mucha prisa, utilizando su típico rasgo estilístico de luces y sombras, pero con predominio de estas últimas. Detrás de la santa, traspasada por una flecha lanzada por el rey huno Atila, que la quería como esposa, pero fue rechazado, podemos ver al propio Caravaggio, vestido de soldado y con una expresión casi sufriente. Le siguen obras de varios autores que representan diferentes facetas de Nápoles en los siglos siguientes, desde paisajes a escenas populares, hasta la sala con esculturas y dibujos de Vincenzo Gemito. También se exhiben pinturas de Luca Giordano, Louis Finson y Francesco Solimena, y vistas de Nápoles de Gaspar van Wittel.

Para subir a las plantas superiores se pasa por los espacios dedicados a los talleres escolares y la biblioteca de investigadores, completamente digitalizados, y se recorre una escalera monumental, restaurada manteniendo el estilo racionalista del edificio. En la sala de los jarrones se puede admirar la *kalpis* atribuida al Pintor de Leningrado, de fundamental importancia ya que representa un taller artesanal de la Antigua Grecia, en el que también aparece una mujer dedicada a trabajos de decoración, un raro ejemplo de emancipación para la época. En las antiguas oficinas de los directivos del Banco di Napoli, parcialmente equipadas todavía con el mobiliario original, se encuentra la colección de arte contemporáneo, con importantes obras de Burri, Manzoni, Fontana, Pistoletto, Boetti y Sol Wit. Por si fuera poco, en la planta baja, en lo que antes era la sala de caja (con tubos neumáticos), hay exposiciones temporales de alto nivel. (gallerieditalia.com/it/napoli)

Castel Nuovo

CASTILLO, MUSEO

5 PLANO P. 70, E6

Con su inconfundible perfil y la **Torre della Guardia,** un arco triunfal adornado con bajorrelieves de mármol que narran la llegada de Alfonso de Aragón a Nápoles en 1442, esta torre es uno de los símbolos de la ciudad. En Nápoles todo el mundo lo llama *Maschio angioino* (Máscara angevina), porque fue construido por Carlos I de Anjou, quien lo llamó Castel Nuovo para diferenciarlo del

Piazza del Plebiscito (p. 74).

Castel dell'Ovo (p. 90) y del Castel Capuano (p. 53), que ya existían. Fortaleza y palacio construido extramuros a partir de 1277, la estructura ha sobrevivido al paso del tiempo con sucesivas modificaciones y renovaciones. En la entrada, el pórtico de bronce de varias caras del s. xv, obra de Guglielmo Monaco, contiene la primera sorpresa: una bala de cañón incrustada en el panel inferior izquierdo, de origen incierto. En el interior, sin embargo, están la **Capilla Palatina** gótica, con frescos de discípulos de Giotto (los realizados por el propio pintor se han perdido), que vivió un tiempo aquí, como muchos otros artistas e intelectuales; la **Sala de los Barones,** donde los nobles que conspiraron contra Fernando I en 1487 fueron atraídos a una trampa y asesinados; y la **Sala de la Armería,** con suelo de cristal para mostrar restos romanos. Debajo de la Capilla Palatina se pueden visitar las **salas subterráneas,** que sirvieron como cárceles; cuenta la leyenda que allí vivía un feroz cocodrilo traído de Egipto en un barco mercante, al que la reina Juana II de Anjou alimentaba con sus amantes cuando se cansaba de ellos. Finalmente, las tres plantas del ala sur albergan el **Museo Civico di Castel Nuovo.** En el 2025 se debería poder acceder al cercano paseo de Molo San Vincenzo, que conduce al **faro** situado a 2 km. (comune.napoli.it/maschioangioino)

Piazza Dante

PLAZA

6 PLANO P. 70, D1

Bajo la mirada severa de la **estatua de Dante** (1871), que controla el paseo de Via Toledo y da la espalda al edificio del **Convitto Nazionale** (Internado Nacional) se alza esta plaza del s. XVIII, rediseñada en 1757 por Luigi Vanvitelli por encargo de Carlos III de Borbón (de ahí el antiguo nombre de Foro Carolino). Las virtudes del soberano, evidentemente abundantes, están representadas por las 26 estatuas situadas en lo alto de la gran exedra con un edículo en el centro, flanqueado por columnas y rematado por una balaustrada de mármol. Casi parece la escenografía de una obra de teatro, protagonizada por napolitanos y turistas que cruzan la plaza a cualquier hora del día y de la noche o se detienen a charlar, beber o jugar al fútbol. Atravesando Port'Alba (1625), a la izquierda del hemiciclo, se llega al decumano mayor. Debajo de la plaza se encuentra la **parada de metro** homónima diseñada por Gae Aulenti, con obras, entre otros, de Joseph Kosuth y Jannis Kounellis (suya es la instalación de zapatos y ropa colgados de la pared con trozos de vías). Una curiosidad: de los dos relojes de la torre del internado, el más pequeño de la parte inferior es una pieza única en Europa, ya que calcula la ecuación del tiempo y señala cuándo el sol está en su cenit.

Chiesa di Sant'Anna dei Lombardi

LUGAR DE CULTO

7 PLANO P. 70, D3

Esta iglesia, construida en 1411, es la síntesis del Renacimiento toscano. Adornada con cinco capillas a cada lado, en el **oratorio del Santo Sepulcro** (a la derecha del presbiterio) alberga una espectacular *Lamentación sobre Cristo Muerto* (1492) de Guido Mazzoni, cuyos personajes de terracota de tamaño natural se representan en el momento de máximo dolor. Pero el verdadero motivo para cruzar la entrada es la **sacristía vieja,** con la bóveda adornada con frescos del s. XVI de Giorgio Vasari y paneles en las paredes con incrustaciones de Giovanni da Verona. Hay que salir a la plaza y fijarse en la **fuente** coronada por la estatua de Carlos II de Habsburgo. (santannadeilombardi.com)

Piazza Municipio

PLAZA

8 PLANO P. 70, D5

Durante las obras del nuevo intercambiador de metro de Municipio, la plaza ha resistido y no ha perdido su encanto. De hecho, estas excavaciones han permitido certificar, mediante el descubrimiento de cinco barcos antiguos, que el puerto de Neápolis se encontraba en esta zona. En el lado occidental se ubica el **Palazzo San Giacomo** (ingressi.comune.napoli.it/sangiacomo), sede del Ayuntamiento, del que se pueden visitar, en algunas épocas, los patios y la sala consistorial. En la plaza también se encuentra la **fuente de Neptuno** del s. XVII, trasladada hasta siete veces en la ciudad; en el centro reina el Neptuno de Michelangelo Naccherino, sostenido por ninfas y sátiros, que mira fijamente hacia el mar.

Museo della Moda Napoli

MUSEO

9 PLANO P. 70, A6

Nápoles cuenta con su propio museo de la moda gracias a la Fondazione Mondragone. En este complejo barroco, donde antaño se refugiaban las mujeres de familias nobles venidas a menos, hoy encuentran su hogar una colección de prendas y complementos que abarca desde el s. XVIII hasta nuestros días. En la exposición, comisariada por el artista napolitano Michele Iodice, también destacan bastones, bolsos, sombreros, paraguas y *aigrettes* (tocados con plumas). El segundo piso alberga salas temáticas dedicadas a los protagonistas de la moda, como Fausto Sarli con sus 53 vestidos. Adjunta al palacio se encuentra la **Chiesa di Santa Maria delle Grazie,** con un hermoso piso de mayólica vidriada del s. XVIII obra de Giovan Battista Nauclerio. (museodellamodanapoli.com)

Dónde comer

Da Zia Esterina Sorbillo

PIZZERÍA €

10 PLANO P. 70, C6

Si no se tiene clara la ubicación exacta de este local, basta con fijarse en la cola de clientes hambrientos. A primera vista parece imposible comerla entera, pero esta delicia, gracias a la masa con harina integral de agricultura ecológica de proximidad, es un pecado que no da lugar al arrepentimiento. Hay que probar la "completa", con *cicoli* (chicharrones) de Campania. Magnífica. (sorbillo.it)

CU.QU

COCINA DE BARRIO €

11 PLANO P. 70, C6

En el corazón de los Quartieri Spagnoli, en un callejón, se encuentra este restaurante de comida rápida a la napolitana, donde se cocina sin pausa, con materia prima de calidad. La carta, que incluye recetas vegetales o tradicionales, cambia cada semana, pero hay algunos platos fijos. Jóvenes con las ideas claras. (facebook.com/cu.qu.cucinadiquartiere)

Luminist

CAFÉ, BISTRÓ €

12 PLANO P. 70, D5

En la nueva sede de las Gallerie d'Italia (p. 75), este espacio diseñado por el chef Giuseppe Iannotti es la nueva referencia para desayunar en Nápoles, con excelentes cafés y bollería que nada tiene que envidiar a la francesa. La oferta del bistró también es sabrosa, con una apreciable referencia al territorio que se manifiesta en platos como la berenjena a la parmesana y la salchicha con *friarelli*. En la 5ª planta del edificio, los mismos propietarios cuentan con el bar de tapas y cócteles **Anthill** (instagram.com/anthillcocktailbar), con bebidas refinadas, y el **177toledo** (insta

Comedor del Luminist (p. 79).

gram.com/177toledo), un restaurante de alta cocina. (facebook.com/luministnapoli)

Pintauro

HOJALDRES €

13 PLANO P. 70, C6

La invención del clásico hojaldre, crujiente o de masa quebrada, se debe a Pasquale Pintauro, un pastelero que descubrió la receta en la costa de Amalfi en el s. XIX y la llevó a la ciudad, modificándola ligeramente. El resultado es este trozo de paraíso crujiente, que en el establecimiento de Via Toledo 275 se sirve caliente.

Mastracchio caldo freddo

BAR €

14 PLANO P. 70, C5

En este bar de Vico Tofa 4, que a primera vista parece anodino, Sasà Mastracchio inventó el *"caldo freddo"*, un café caliente endulzado con crema de vainilla y cacao. Gusta a todo el mundo.

Dormir o comer en los 'bassi'

Para quien desee vivir una experiencia auténtica, la agencia **Vascitour** (vascitour.it), que también organiza visitas guiadas por la ciudad, propone dormir o comer en los **'bassi'** (bajos), viviendas pequeñas y a menudo modestas situadas a pie de calle. Abundan en los barrios más populares, rezuman un encanto atemporal y brindan una hospitalidad suprema.

Antica Forneria Molettieri

HORNO €

15 PLANO P. 70, A5

A Rodolfo Molettieri su masa madre le importa (casi) más que ninguna otra cosa. Y, sin duda, su pan y su *pizza* son excepcionales. El horno también es asador y propone recetas de la cocina napolitana. (anticaforneriamolettieri.com)

Sfogliatella Mary

HOJALDRES €

16 PLANO P. 70, D6

En la Galleria Umberto I se puede disfrutar de otro hojaldre de referencia en la ciudad. No hay que dejarse engañar por el aspecto un tanto turístico del local: la Santa Rosa (hojaldre crujiente con crema pastelera y cerezas) y la *zeppola di San Giuseppe* de Mary tienen pocos rivales. Se recomienda encarecidamente probarlos. (facebook.com/lasfogliatellamaryofficial)

Antica Salumeria Malinconico

EMBUTIDO €

17 PLANO P. 70, A1

Desde hace cuatro generaciones, o desde 1890, esta tienda de alimentación es la referencia en el barrio de Avvocata. Y, salvo el jueves por la tarde, día de cierre (su eslogan es "jueves, media jornada"), nunca descansa. No hay que irse sin probar el bocadillo Salvatore, con chicharrones y ricota, y la *focaccia di mamma Amelia*,

FRANCESCO FREDDO ©

Bocadillo de chicharrones y ricota de la Antica Salumeria Malinconico.

cocinada en el *ruoto* (bandeja de horno redonda). Uno de esos lugares que deben cuidarse. (instagram.com/salumeria_malinconico)

Zazzu

BISTRÓ, COMIDA PARA LLEVAR €

18 PLANO P. 70, C1

En el restaurante de Valeria, un rincón alejado del caos a dos pasos de Pignasecca, se puede tomar un aperitivo o un almuerzo con platos del día auténticos, también vegetarianos. Las propuestas nunca son banales. (zazzu.it)

Da Attilio

PIZZERÍA €

19 PLANO P. 70, C3

Los más impacientes empiezan con croquetas de patata, tortillas de pasta y mozzarella *in carrozza*. Luego llega la especialidad de la casa: la *pizza* con los bordes rellenos, una verdadera celebración de este orgullo napolitano. (facebook.com/pizzeriadaattilio)

Spiedo d'Oro

TRATTORIA €

20 PLANO P. 70, C2

En Via Scura 52, este local con mesas y comida para llevar solo abre a mediodía. Sencillo y acogedor, es el reino de la auténtica cocina napolitana: pasta al horno o *sartù* de arroz, carne *alla pizzaiola* o torta de anchoas. Cada día es una sorpresa, como el precio: 4,50 € por un primer plato es un milagro de relación calidad-precio.

Bop Dumpling

EMPANADILLAS €

21 FUERA DE PLANO P. 70, A1

Es el lugar perfecto para una comida informal. Luca selecciona buena música y excelentes cervezas artesanales, y prepara unas exquisitas empanadillas chinas con rellenos que van de lo oriental a lo napolitano y que cambian casi a diario, con algunos clásicos que se mantienen. Para algo diferente. (instagram.com/bop_dumpling)

Fiorenzano CASQUERÍA €

22 PLANO P. 70, C3

En Via Pignasecca 48 esta histórica casquería sirve comida callejera para estómagos fuertes, con un escaparate que anuncia sus delicias. Además de los callos con tomate, se puede degustar *o' per e o' muss* (manitas de cerdo y morro de ternera), servidos con sal y limón: una comida pobre, pensada para aprovechar los despojos de forma sabrosa. Antaño se llamaba *"carnacuttaro"*, vendedor de carnes cocidas, a quien realizaba este trabajo en Nápoles.

I Sapori della Pescheria Azzurra PESCADO FRESCO €-€€

23 PLANO P. 70, C2

La *spasa* (del napolitano *spannere*, "exponer") de pescado muy fresco en el exterior de la pescadería, con una explosión mediterránea de colores y aromas, es garantía segura de frescura. Dispone de mesas con manteles de papel y vajilla desechable para degustar, sin muchas formalidades, los *paccheri* con salmonetes y tomatitos, los *scialatielli* con pez espada y berenjenas, los pulpitos a la Luciana y las albóndigas de bacalao con pasas y piñones. Para redescubrir el verdadero sabor del pescado. (facebook.com/pescheriaazzurrafratelliGagliotta)

Biancomangiare NAPOLITANA €€

24 PLANO P. 70, D3

En la cocina de este pequeño restaurante cerca de la Piazza della Carità se preparan sin descanso platos típicos de la tradición napolitana. Famosos, con razón, son los *ziti trafilati al bronzo* con salsa genovesa y albóndigas, pero también el *o' puparul umbuttunat* o pimiento relleno. Agradablemente casero. (facebook.com/biancomangiarenapoli)

Essencia RESTAURANTE €€€

25 PLANO P. 70, E3

Jóvenes y con las ideas claras, los responsables de Essencia ofrecen una cocina creativa y refinada, con combinaciones y consistencias estudiadas, y que mira al futuro. El ambiente y el servicio miman al cliente. (facebook.com/essenciarestaurant)

El arte del 'pizzaiuolo'

Desde el 2017, el arte del *pizzaiuolo* napolitano, que se transmite de padres a hijos, forma parte del Patrimonio Cultural Inmaterial de la Unesco (con 18 aportaciones italianas). Un bonito reconocimiento.

Dónde beber

Spuzzulè

BAR DE VINOS

26 PLANO P. 70, C6

Spuzzuliare significa picar muchas cosas, sabrosas y de excelente calidad como *gattò* de patata, parmesana y tablas de embutidos y quesos. Puede hacerse en la pequeña bodega de Bruno, que recibe a los clientes como si fueran viejos amigos. Resulta muy sencillo sentirse bien. (facebook.com/Spuzzule)

Acquafrescaio

BEBIDAS

27 PLANO P. 70, C6

El *acquafrescaio*, también llamado *acquaiolo* (aguador), antiguamente recorría la ciudad con un carro vendiendo agua y hielo aromatizados con limón o anís o zumo de naranja recién exprimido o agua de mar. Entre los que todavía están activos figura este quiosco de Piazza Trieste e Trento, abierto en 1836. Desde hace 50 años está regentado por la enérgica Carolina y su hermano Antonio, conocido como Poppò, hijos del verdulero que abastecía de fruta al negocio. Se aconseja pedir la soda *a cosce aperte* (que significa "con las piernas abiertas") y beberla para entender el porqué del nombre.

Caseari Cautero

CHAMPAÑERÍA

28 FUERA DE PLANO P. 70, C1

Salvatore Cautero —o *le charcutier*, como él mismo se autodenomina— tiene una tienda de comestibles, pero no una cualquiera. Los clientes quedan hipnotizados por la maestría de Salvatore, gran conocedor de delicias y champán, que se sirve en interesantes combinaciones que guían al paladar en un viaje del que nunca querrá regresar. (cauterochampagne.it)

Ocio

Teatro Nuovo

TEATRO

29 PLANO P. 70, C4

Entre las programaciones teatrales más interesantes de Nápoles, ciudad siempre abierta a la experimentación y a los lenguajes actuales, figura la del Nuovo, un puesto de avanzada de la cultura en los Quartieri Spagnoli, dedicado a las artes y a la música desde 1724 (aunque fue destruido y reconstruido a lo largo de los siglos). Totò, Viviani y De Filippo actuaron en su escenario, y aún hoy acoge a importantes artistas y producciones. (teatronuovonapoli.it)

Teatro Mercadante

TEATRO

30 PLANO P. 70, E5

Dedicado al músico Saverio Mercadante, este teatro del s. XVIII ha sido durante mucho tiempo protagonista de la vida artística de la ciudad y ha acogido numerosos estrenos de óperas y piezas teatrales, así como los éxitos de Eduardo Scarpetta. Cerrado durante más de 20 años, reanudó su actividad en la década de 1990 y hoy es un referente de la escena dramática. Está gestionado por el Teatro Stabile de Nápoles. (teatrodinapoli.it)

Teatro di San Carlo
TEATRO

31 PLANO P. 70, D6

Las **visitas guiadas** permiten descubrir muchas curiosidades. Por ejemplo, que en la segunda fila de palcos no existe el nº 17, que, por superstición, se ha sustituido por el 16 bis. Inaugurado el 4 de noviembre de 1737, cuando Nápoles era capital y referencia cultural para toda Europa, el teatro se construyó en ocho meses por encargo de Carlos III de Borbón. Después de que un terrible incendio lo destruyera en 1816, renació como templo de la ópera con una acústica perfecta con obras de los más grandes de su tiempo, desde Rossini hasta Donizetti y Verdi. Hoy cuenta con orquesta y compañía de danza y una de las programaciones más interesantes del país. (teatrosancarlo.it)

Fondazione Pietà de' Turchini
MÚSICA ANTIGUA

32 PLANO P. 70, B6

La Chiesa di Santa Caterina da Siena, del s. XVI, una pequeña joya, es uno de los lugares en los que se organizan conciertos de música antigua, en particular de los ss. XVI-XVIII y a menudo napolitana, a veces incluso con partituras nunca interpretadas antes. Para entendidos. (turchini.it)

Galleria Toledo
TEATRO, CINE

33 PLANO P. 70, C4

Teatro, música, cine de vanguardia y producciones independientes para un lugar dedicado a lo contemporáneo y, en muchas ocasiones, a las emergencias sociales. Se halla en el corazón de los Quartieri Spagnoli y ofrece una mirada amplia e internacional. (galleriatoledo.it)

Quartiere Intelligente
ESPACIO COMUNITARIO

34 PLANO P. 70, B2

Actos musicales o artísticos, talleres y actividades de sensibilización medioambiental, bar y bistró ecológico, además de una zona de *coworking:* en Montesanto está la mejor juventud. (quartiere intelligente.it)

De compras

Museo del Corallo Ascione
CORAL

35 PLANO P. 70, D6

El arte del procesado del coral se transmite en esta familia desde 1855. En este elegante museo ubicado en la Galleria Umberto I se recorre la historia de las creaciones de Ascione, completada con una visita guiada. Conviene fijarse en las joyas elaboradas con piedra de lava y en el suntuoso collar regalado a la reina Farida de Egipto en 1934. El espacio es también sala de exposición, y se pueden realizar compras. (ascione.it)

Ai Monti Lattari
QUESO

36 PLANO P. 70, D3

En la animada calle del mercado, repleta de napolitanos que van a hacer compras o a almorzar, se encuentra este establecimiento que vende quesos y embutidos cuyos aromas llegan al exterior. Sin duda es el lugar adecuado para comprar mozzarella o pedir un bocadillo. (facebook.com/aiMontiLattari)

Ombrelli Talarico

PARAGUAS

37 PLANO P. 70, C4

La variedad no falta en el taller de la familia Talarico, a las puertas de los Quartieri Spagnoli, que desde hace más de 160 años crea paraguas. Los paraguas de Talarico son tendencia y, sobre todo, una pieza de artesanía resultado de un largo proceso de elaboración. Se puede elegir el material del mango. (mariotalarico.it)

Gay Odin

CHOCOLATE

38 PLANO P. 70, D6

Fundada por el chocolatero Isidoro Odin, esta histórica marca de chocolate tiene varios puntos de venta. La producción se lleva a cabo en una encantadora fábrica, que se puede visitar (p. 96). El chocolate Foresta es mítico, también en su versión negra, y, en verano, los helados, a la altura de los de muchas heladerías de la zona. (gay-odin.it)

Gommalacca Records

VINILOS, CD

39 PLANO P. 70, D1

Entre estas paredes se pueden encontrar discos de vinilo, nuevos o usados, CD e incluso casetes. Basta mezclarse con los clientes habituales y charlar un poco para sentirse como en casa. (facebook.com/Gommalacca.records)

Teatro di San Carlo.

Explorar

Chiaia y Santa Lucia

Nápoles y su mar son una misma cosa. La mirada alcanza el horizonte, el olor a salitre inunda los pulmones, el Vesubio impone con fuerza su presencia y las islas se reflejan en el agua. La ciudad abraza el golfo, los pescadores, los paseos familiares y el antiguo castillo, reconciliándose con sus orígenes: muchos conquistadores ambiciosos llegaron por mar y dejaron huellas de su paso. Y se pone guapa entre las calles comerciales repletas de tiendas de alta costura, en los rincones más elegantes de Chiaia que se encaraman a las colinas. Todo está iluminado por una luz especial: la de un cielo y un mar que se besan.

Lo esencial

- **Las escaleras del barrio** *Subir y bajar para descubrir Nápoles desde diferentes perspectivas.*
- **Castel dell'Ovo (p. 90)** *Se erige majestuoso en el islote de Megaride, lugar de origen de la ciudad.*
- **Borgo Marinari (p. 91)** *Pueblo de pescadores para pasar una velada agradable.*
- **Paseo marítimo (p. 94)** *Para admirar el azul del mar de Nápoles y el Vesubio en toda su majestuosa belleza durante un paseo al atardecer.*

Cómo llegar y desplazarse

Para llegar a la zona: M Municipio, Piazza Amedeo; Corso Vittorio Emanuele, Parco Margherita; 128, 140, 151, 154, E6.

Plano de la zona en p. 88.

Vista del Vesubio desde el paseo marítimo (p. 94).
ADRIANA MALANDRINO/EDT ©

A
B
C
D
1
2
3
4
5
6
Via Corenzio
Parco Villa Floridiana
Via Filippo Palizzi
Via Toma
Via Luigia Sanfelice
Via Filippo Palizzi
Corso Vittorio Emanuele
Corso Vittorio Emanuele
Via Filippo
Parco Margherita
Piazza Amedeo
Via del Parco Margherita
24
11
42
12
Via Tasso
Via Francesco Crispi
Via Vittoria Colonna
Vico Vetriera
28
Via dei Mille
9
Via Giuseppe Martucci
Via Giacomo Piscicelli
16
Via Giosuè Carducci
Via San Pasquale a Chiaia
Scalinata Massimo Troisi
43
Via Imbriani
21
41
Villa Pignatelli
29
30
Via Cuoco
27
38
6
Via Carlo Poerio
36
Riviera di Chiaia
Riviera di Chiaia
7
Villa Comunale
Viale Anton Dohrn
8
Via Francesco Caracciolo
Via Francesco Caracciolo
Mappatella Beach
Reseñas en:
Puntos de interés p. 90
Dónde comer p. 97
Dónde beber p. 101
Ocio p. 103
De compras p. 104
0
200 m

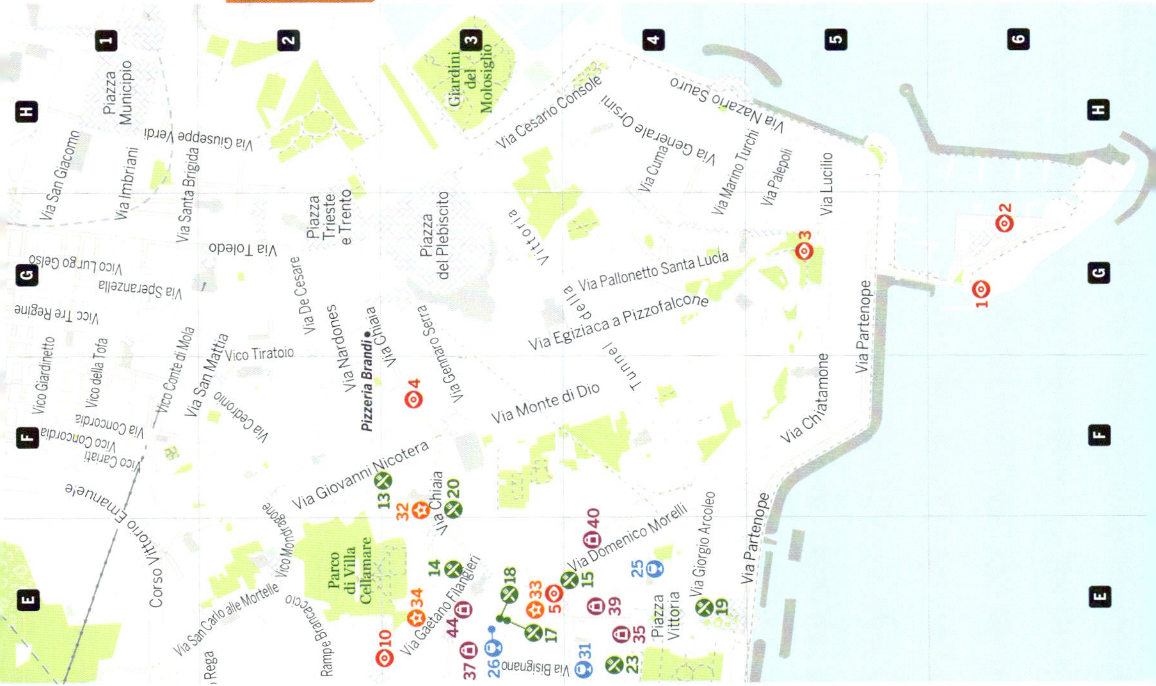
Piazza Municipio
Via San Giacomo
Via Imbriani
Via Giuseppe Verdi
Via Santa Brigida
Via Toledo
Vico Lungo Gelso
Via Speranzella
Vico Tre Regine
Vico Giardinetto
Vico della Tofa
Vico Conte di Mola
Via San Mattia
Vico Tiratoio
Via Cedronio
Via Concordia
Vico Concordia
Vico Cariati
Corso Vittorio Emanuele
Via De Cesare
Via Nardones
Pizzeria Brandi
Via Chiaia
Piazza Trieste e Trento
Piazza del Plebiscito
Via Gennaro Serra
Giardini del Molosiglio
Via Cesario Console
Via Generale Orsini
Via Cuma
Via Nazario Sauro
Via Marino Turchi
Via Palepoli
Via Lucilio
Vittoria
Tunnel della Vittoria
Via Pallonetto Santa Lucia
Via Egiziaca a Pizzofalcone
Via Monte di Dio
Via Giovanni Nicotera
Via Chiatamone
Via Partenope
Vico Mondragone
Parco di Villa Cellamare
Via San Carlo alle Mortelle
Rampe Brancaccio
Rega
Via Gaetano Filangieri
Via Domenico Morelli
Via Bisignano
Piazza Vittoria
Via Giorgio Arcoleo
1
2
3
4
5
6
E
F
G
H

Puntos de interés

Castel dell'Ovo

CASTILLO

1 PLANO P. 88, G6

Entre los edificios emblemáticos que se pueden considerar símbolos de Nápoles, la competencia del Castel Nuovo (p. 76) es, sin duda, el Castel dell'Ovo, que destaca por ser el castillo más antiguo de la ciudad. Rodeado por el Borgo Marinari (p. 91), se levanta en el islote de Megaride y está unido al continente por una franja de tierra. Eso hizo en el siglo I a.C. el caudillo romano Lucio Licinio Lúculo, de cuya casa se cuentan maravillas: los famosos banquetes "luculianos" que allí se organizaban de vez en cuando. La villa se convirtió luego en monasterio (los restos del refectorio de los monjes se encuentran en los sótanos del castillo), hasta que los normandos primero, los suevos, los angevinos, los aragoneses y los Borbones después, contribuyeron a darle una nueva fisonomía y a fortificarla, convirtiéndola en un refugio seguro gracias a su posición estratégica. El castillo fue destruido y reconstruido en diversas ocasiones, y aún domina la ciudad con sabia indiferencia. Actualmente se utiliza como espacio para organizar exposiciones, pero el exterior se puede visitar de forma gratuita. El nombre de Castel dell'Ovo se remonta a los tiempos de Virgilio, que en Nápoles era considerado un mago. El poeta declaró que había escondido un huevo en el sótano del futuro castillo: mientras permaneciera intacto, una buena estrella velaría por la ciudad.

La sirena Parténope, su canto no escuchado y la fundación de Nápoles

La historia dice que Parténope fue fundada por los cumanos a finales del s. VIII a.C. Pero, de acuerdo con la mitología, el nacimiento de esta próspera ciudad estuvo ligado a la triste historia de la bella sirena Parténope, quien, junto con sus hermanas, trató en vano de seducir a Odiseo con su melodioso canto, que no fue escuchado por el héroe. Desesperada, la sirena se ahogó. Su cuerpo fue arrastrado por las corrientes durante mucho tiempo, hasta llegar al islote de Megaride, donde fue venerado por los habitantes del núcleo que dio origen a Nápoles. De ahí el primer nombre de la ciudad, Parténope, y de sus habitantes, los partenopeos. La escritora y periodista Matilde Serao cuenta otra versión del mito, de acuerdo con la cual Parténope sería una hermosa muchacha enamorada del joven Cimone, pero prometida en matrimonio a otro hombre; los enamorados escapan y se refugian en las costas de Nápoles, donde fundan una familia de la que procede la estirpe del pueblo napolitano.

Castel dell'Ovo.

En el momento de redactar esta guía, el castillo estaba cerrado por reformas. (comune.napoli.it/casteldellovo)

Borgo Marinari

PUEBLO

2 PLANO P. 88, G6

En el islote de Megaride, donde estuvo la villa de Lúculo y hoy se encuentra el Castel dell'Ovo, se respira la atmósfera de un pequeño pueblo de pescadores, núcleo histórico de los "luciani", los habitantes de Santa Lucia, gente de mar y orgullosa de serlo. El Borgo Marinari es un lugar de amarre para embarcaciones pequeñas, pero también es una zona residencial donde aún se conservan las antiguas casas de dos plantas características de los orígenes de Nápoles. Es muy agradable pasear por su placita llena de restaurantes y disfrutar de la envidiable vista del Vesubio y de la ciudad.

Pizzofalcone

COLINA

3 PLANO P. 88, G5

Justo enfrente del Castel dell'Ovo se alza la colina de Pizzofalcone, que muchos en Italia conocen por la exitosa serie de televisión *Los bastardos de Pizzofalcone,* inspirada en las novelas del escritor napolitano Maurizio de Giovanni. La colina también es conocida como "Monte di Dio" por la iglesia conventual homónima fundada en esta zona en el s. XVI, que hoy ya no existe. El nombre deriva del deseo de Carlos I de Anjou de dedicar la zona a la caza con halcones. En la cima se halla el Monte Echia, donde se conservan los restos de la villa de Lúculo (en mal estado) y hay un mirador resultante de una remodelación muy reciente que coincide con la inauguración del ascensor de Monte Echia que conecta Santa Lucia con Pizzofalcone. Bajando por las rampas se llega al edificio neogótico que domina el mar, la **Villa Ebe,** que fue diseñada por el arquitecto Lamont Young y hoy está abandonada, aunque el panorama es espectacular. Hay que fijarse en las vistas entre los edificios, algunos de ellos históricos, como el Palazzo Serra di Cassano del arquitecto Ferdinando Sanfelice, conocido por su monumental doble escalera. En la colina, además de la Scuola Nunziatella, una de las instalaciones de instrucción militar más antiguas del mundo, también se alza la hermosa iglesia barroca de la **Nunziatella,** que forma parte del complejo de la escuela.

Mappatella Beach

En el paseo marítimo (p. 94), frente a la Rotonda Díaz, hay una playa urbana. No tiene nada especial, pero a los napolitanos les encanta y la llaman, irónicamente, **Mappatella Beach** (plano p. 88, B4). El término *mappata* designa una bolsa improvisada, un envoltorio donde se guarda el almuerzo para los días de playa, es decir, un bocadillo y quiza algo más; lo importante es que esté hecho en casa. Y aquí, en el reino de las vacaciones sin pretensiones, la *mappata* es casi obligatoria.

Via Chiaia

CALLE

4 PLANO P. 88, F3

Esta elegante calle comercial debe su nombre al término español *playa,* por su proximidad al mar. Antiguamente tenía una importancia fundamental porque conectaba la ciudad con los suburbios occidentales por la costa, pasando al pie de la colina de Pizzofalcone. Hoy conecta Piazza Trieste e Trento con Piazza del Martiri, y es el punto final de un elegante paseo. En el nº 177, sobre la calle pasa el **Ponte di Chiaia,** construido en 1636 para conectar Pizzofalcone con la colina de Mortelle y restaurado en el s. XIX en el elegante estilo neoclásico actual. Para llegar a la cima se puede elegir entre las escaleras y el ascensor. Se aconseja recorrer la calle si apetece ir de compras.

Piazza dei Martiri

PLAZA

5 PLANO P. 88, E3

En la confluencia de las calles más refinadas de la ciudad, esta plaza que los napolitanos aprecian y frecuentan es una sucesión de escaparates de tiendas de lujo con una afluencia incesante. Mencionada en una canción de la década de 1950, *Scì scì Piazza dei Martiri,* como la plaza de los "gagà" napolitanos, jóvenes vanidosos y atentos a la moda, amantes del buen vivir y del buen vestir, la plaza está do-

Piazza dei Martiri.

minada por una columna de época borbónica, con cuatro leones a sus pies, dedicada a los caídos por la libertad.

Museo Pignatelli Cortes MUSEO

6 PLANO P. 88, B4

Un jardín inglés, embellecido al gusto romántico por un chalé de estilo suizo y una torre neogótica, rodea la Villa Pignatelli del s. XIX, sede del **Museo Diego Aragona Pignatelli Cortes.** Residencia de familias adineradas o nobles como los Acton, los banqueros Rothschild (que incluso abrieron aquí un banco) y los Aragona Pignatelli Cortes, se empezó a construir en 1826. Pero fueron los Pignatelli, en particular la princesa Rosina (dama de la corte de la reina Margarita; véase recuadro en p. 94), esposa de Diego, la que convirtió la residencia en la dirección de moda de su tiempo: todos querían ser invitados a sus recepciones, impecables hasta el último detalle. En el interior se pueden ver el **peristilo neodórico,** la **sala de baile,** decorada con motivos pompeyanos, el **saloncito pompeyano,** un pequeño y extraño gabinete circular, el **salón azul,** donde la princesa recibía a sus huéspedes, y el **comedor,** aún amueblado, donde se celebraban banquetes legendarios. En la planta superior se pueden admirar los apartamentos privados, incluido el *boudoir* en el que la princesa escuchaba sus casi 4000 discos. En la planta baja del edificio Rothschild tiene su sede el **Museo delle Carrozze,** con una nutrida colección de carrozas de finales del s. XIX, incluidas

Los menús de la princesa

Rosina Fici Pignatelli (1869-1955) no solo fue la esposa de Diego Aragona Pignatelli Cortes, con quien se casó cuando era muy joven y con quien tuvo cinco hijos. Habiendo vivido entre los ss. XIX y XX, fue ante todo una mujer de gran encanto, cultura y carisma, amante de la literatura y la música, perfecta en el arte de la hospitalidad y sensible a la buena cocina. En definitiva, una mujer contemporánea. Gracias al hallazgo de 23 cuadernos escritos a mano por la princesa, que contenían los menús de todas las recepciones organizadas en la villa, se descubrió que durante casi 40 años Rosina había anotado con gran detalle todos los platos ofrecidos a sus invitados, para estar segura de no repetirse nunca. Sin duda, una anfitriona impecable.

algunas inglesas. (coopculture.it/it/poi/museo-pignatelli-cortes)

Villa Comunale PARQUE

7 PLANO P. 88, C4

La Nápoles de Fernando IV de Borbón necesitaba un lugar destinado al paseo, la charla y el contacto con la naturaleza. Así, en 1778, el rey encargó al arquitecto Carlo Vanvitelli la creación de un espacio para disfrute de la realeza con avenidas arboladas paralelas, fuentes monumentales y parterres de flores. Poco menos de un siglo después, el parque se convirtió en villa municipal abierta a todos. Hoy en día esta gran zona verde (110 000 m²) con vistas al mar, entre Piazza della Vittoria y Piazza della Repubblica, donde los napolitanos todavía van a pasear, alberga también la **Stazione Zoologica Anton Dohrn** (szn.it), dedicada al naturalista alemán, con el **acuario** (fondazionedohrn.it/home/aquarium) más antiguo de Europa, que data del s. XIX y es ideal para el disfrute de los niños, y el **palco de música** de Enrico Alvino (1887), de estilo *art nouveau*, construido en vidrio y metal y destinado a albergar eventos musicales.

Paseo marítimo CALLE

8 PLANO P. 88, C4

Conocer Nápoles significa también entrar en contacto con su mar. Para contemplarlo de cerca y dejarse acariciar por el sol (con cuidado, pues en verano la luz es casi cegadora hasta el atardecer y el calor puede ser insoportable), hay que recorrer este paseo de 2,5 km entre Via Partenope y Via Francesco Caracciolo, dedicada al almirante napolitano asesinado por su homólogo Horatio Nelson y arrojado al mar, cuyo cuerpo resurgió en este tramo de costa. Por un lado se ve el mar, con su azul abrumador, Capri y sus sueños de vacaciones doradas; por el otro, una sucesión de establecimientos para comer o tomar un aperitivo, además de vendedores ambulantes, ciclistas a toda velocidad, corredores entrenando, familias que pasean y el Vesubio dominando la escena y sirviendo como punto para orientarse a los foráneos. Con el golfo detrás y mirando hacia delante, se ve Vomero y la colina de Posillipo con sus villas de ensueño. Y no hay un sitio mejor en el que estar.

Via dei Mille

CALLE

9 PLANO P. 88, D2

Ostenta maravillosos edificios *art nouveau* construidos entre los ss. XIX y XX y *boutiques* de alta costura dignas de las capitales más importantes. A esta calle se va para sentarse en una cafetería elegante o para pasar unas horas de compras en las impresionantes tiendas de la zona.

Palazzo Mannajuolo

PALACIO

10 PLANO P. 88, E3

En pleno período *art nouveau*, entre 1909 y 1911, el ilustrado arquitecto Giulio Ulisse Arata, junto con otros profesionales, entre ellos el ingeniero Giuseppe Mannajuolo, propietario del terreno, diseñaron este palacio que sigue siendo uno de los ejemplos más brillantes de este estilo en Nápoles. La fachada ya llama la atención, con la dinámica de los volúmenes y los grandes ventanales. Pero es recomendable entrar y, a la izquierda, admirar la **escalera elíptica,** rematada con balaustradas de hierro forjado pintadas de blanco, pasamanos de madera y peldaños perfilados de mármol macizo, que confieren ligereza y sinuosidad a la parte central del edificio. La mirada

Paseo marítimo de Nápoles.

sube hasta la cima, que parece inalcanzable.

Piazza Amedeo

PLAZA

11 PLANO P. 88, B2

Tarde o temprano se pasará por esta plaza para tomar el funicular de Chiaia que lleva al barrio de Vomero (p. 129), o la línea 2 del metro. Es recomendable ir para admirar la hermosa colina llena de elegantes edificios *art nouveau,* que crean un panorama impresionante. Entre ellos destaca el neomedieval **Castello Aselmeyer,** en piedra del Vesubio, fruto de la creatividad del arquitecto Lamont Young (el mismo de Villa Ebe, p. 92), que lo diseñó como su residencia, para luego cambiar de opinión y trasladarse a la isla de Gaiola (a una villa "maldita": véase recuadro en p. 113) y venderla a los banqueros Aselmeyer. Muchas personas quieren visitarlo, pero actualmente está dividido en viviendas particulares. Afortunados sus ocupantes.

Fontana di Santa Lucia, Villa Comunale (p. 94).

COLORMAKER/SHUTTERSTOCK.COM ©

Gay Odin Fabbrica

FÁBRICA DE CHOCOLATE

12 PLANO P. 88, D2

En Chiaia se encuentra la fábrica de chocolate Gay Odin, donde Marisa del Vecchio en Maglietta, propietaria de la histórica marca fundada por Isidoro Odin y Onorina Gay, muestra el funcionamiento de la fábrica y la elaboración de las delicias de esta empresa, nunca industrializada. Se pueden ver algunas antiguas máquinas de madera y bronce para la producción de chocolate, utilizadas en el s. XIX para procesar los granos de cacao, mezclar los ingredientes y medir los licores, según el método tradicional. La visita a la fábrica está reservada a grupos de al menos 20 personas y se suspende durante los períodos de más intensa actividad de producción. En el interior hay un punto de venta, donde se pueden comprar las obleas especiales con cacao y el legendario Vesubio; esta verdadera obra de arte en chocolate y crema de *gianduja,* diseñada por el fallecido Giuseppe Maglietta junto con el arquitecto Fabrizio Mangoni, sigue siendo uno de los símbolos de esta fábrica. (gay-odin.it)

Villa Maria, ejemplo del *art nouveau* napolitano, adyacente a Piazza Amedeo.

Dónde comer

Osteria della Mattonella

OSTERIA €

13 PLANO P. 88, F3

En las paredes cuelgan fotografías antiguas, botellas de vino y los característicos azulejos que transmiten alegría al instante, tan coloridos como los platos que se sirven en las mesas. De la cocina surgen aromas tan sugerentes que dan ganas de levantarse y preguntar "¿qué hay hoy para comer?". En definitiva, uno de esos lugares en los que resulta muy fácil sentirse como en casa, quizás también por su emplazamiento en una zona popular. En las mesas, los sabores de Nápoles se abren paso con *rigatoni* al ragú, *ziti alla genovese* (véase recuadro en p. 98), pasta con patatas y provola o a la *puttanesca;* y luego, albóndigas con ragú o carne a la genovesa, para los que quieran una comida completa, y una porción de *babà*. Todo perfecto. (osteriadellamattonella.com)

Pasticceria Salvatore Varriale

PASTELERÍA €

14 PLANO P. 88, E3

Tras toda una mañana dedicada a las compras, resulta necesario saborear un buen dulce napolitano. En Varriale hay deliciosos *babà*, pastelitos, hojaldres crujientes o tiernos. Si se acompaña de un café excelente, se puede reanudar la jornada de compras con las fuerzas renovadas. (pasticceriavarriale.com)

Gran Caffè La Caffettiera BAR €

15 PLANO P. 88, E4

No es cierto que en Nápoles el café sea bueno en todas partes: hay bares y bares. Pero en este café histórico del barrio es sencillamente perfecto. Para evitar el precio del servicio se puede consumir en la barra. La otra opción es acomodarse en una de las elegantes salas para disfrutarlo sentado. (grancaffelacaffettiera.com)

3.0 Ciro Cascella PIZZERÍA €-€€

16 PLANO P. 88, C3

En este establecimiento las *pizzas* tienen una corteza pronunciada y bien alveolada, y son suaves y ligeras, resultado de una mezcla de tres harinas diferentes (de ahí el nombre del local) y una masa bien hidratada y de larga fermentación. Incluso quien no sea un experto notará el resultado. Además, el local es hermoso, amplio y luminoso. Joven y amante de la experimentación, Ciro Cascella ofrece en su carta originales *pizzas* como la *Ricordi di domeniche napoletane* ("Recuerdo de domingos napolitanos"), que combina la berenjena a la parmesana con albóndigas de *scottona* (ternera joven), o la *Tradizione Partenopea* ("Tradición partenopea"), con *friarelli,* provola y salchicha. De entrante, *montanarine* (pequeñas *pizzas* fritas de varios sabores). Y cerveza artesanal para brindar. (cirocascella.it)

Umberto RESTAURANTE, PIZZERÍA €-€€

17 PLANO P. 88, E3

Muy concurrido por la noche (como toda la zona), el restaurante Umberto reina tranquilo en este callejón de Chiaia sin presumir de su *pizza,* que no tiene nada que envidiar a otras más famosas. Desde 1916 se elabora según los

Salsa genovesa: una delicia muy napolitana

El nombre puede inducir a error, pero la salsa genovesa es un condimento para la pasta totalmente napolitano, uno de los pilares de la cocina local, siempre triunfante en las mesas de Nápoles, especialmente los domingos. Incluso parece que ya era conocida en el s. XV. No se sabe si el nombre se debe al cocinero que la inventó, si se creó para alimentar a los marineros genoveses que trabajaban en el puerto o si fueron estos últimos quienes llevaron la receta a la ciudad. Lo cierto es que una buena salsa genovesa combina bien con los *ziti* partidos, cocidos *al dente,* y que, como lleva carne, también puede servir como plato único. Los ingredientes fundamentales son la cebolla (mejor dorada) y la carne de ternera, además de la zanahoria, el apio y el aceite. Según la tradición, la salsa se debe cocinar a fuego lento, durante varias horas, removiendo de vez en cuando y añadiendo vino o caldo, en una cazuela de barro. Ya solo falta probarla.

El pizzero Ciro Cascella.

cánones de la verdadera *pizza* napolitana: la DOP, por ejemplo, lleva mozzarella de búfala de Campania, tomates de San Marzano, aceite y albahaca. Igualmente auténticos son los *paccheri d'o treddeta* (que deben su nombre al apodo del fundador del restaurante), con pulpitos, aceitunas negras, alcaparras y tomatitos del Vesubio. Y hay mucho de Nápoles en los postres, como el Tiramisud: *babà* con crema de limón de Sorrento y avellanas. (umberto.it)

Antica Latteria NAPOLITANA €-€€

18 PLANO P. 88, E3

Hay locales donde uno se siente parte de una familia. La Latteria es uno de ellos, gracias al trato afable que ofrecen los propietarios, una cocina de aroma casero y el gran amor por las recetas típicas napolitanas. El menú cambia a menudo, pero con suerte se pueden degustar las exquisitas pastas con patatas, obviamente con provola, pasta con judías, albóndigas con ragú y *friarelli* y otras delicias. (instagram.com/antica_latteria)

Vincenzo Capuano PIZZERÍA €-€€

19 PLANO P. 88, E4

Sin duda se trata de uno de los locales que atrae la atención tanto de críticos como de los amantes de la *pizza*. Para algunos, la de Capuano, con su masa suave y ligera, figura entre las mejores de Nápoles: hay que probar la Provola e Pepe para entenderlo. (capvin.com)

Antichi Sapori Partenopei

RESTAURANTE **€€**

20 PLANO P. 88, F3

Es el reino de la cocina local, donde la pasta con patatas y provola ahumada de Agerola es una delicia; por no hablar de los espaguetis de Gragnano alla Nerano, el pulpo a la cazuela con judías hervidas, las albóndigas fritas o al ragú... En definitiva, nadie se marcha de este local con hambre. (instagram.com/antichi_sapori_partenopei)

Pescheria Mattiucci pescadería

RESTAURANTE **€€**

21 PLANO P. 88, D3

Pescado muy fresco, recién capturado por Luigi y su familia; paredes de colores, con pintadas que hablan de veladas festivas celebradas con amigos; redes y aparejos de pesca para decorar el local. Esto es la Pescheria Mattiucci, donde se come en taburetes situados frente a la barra y el mar sugiere el menú del día. Si están disponibles, hay que probar las huevas de erizo, las trufas de mar y las ostras. Pero los Mattiucci son creativos y sus recetas cambian a menudo, así que conviene fiarse de sus sugerencias. (instagram.com/pescheriamattiucci)

Muu Muuzzarella Lounge

TABERNA **€€**

22 PLANO P. 88, E3

En Nápoles no sorprende encontrar un restaurante enteramente dedicado a la mozzarella de búfala. Pero sí resulta fascinante descubrir cuántas exquisiteces se pueden preparar con este queso, desde la mozzarella *in carrozza* hasta la berenjena a la parmesana, desde la pasta con patatas hasta la *zingara ischitana* (una tostada bien rellena). Y de postre, *babà* con crema de ricota. ¡Bendita mozzarella! (muumuuzzarella.it)

L'Ebbrezza di Teonilla

RESTAURANTE **€€€**

23 PLANO P. 88, E4

Teonilla era una dama noble que vivía en el Palazzo Satriano, la residencia del s. XVII donde hoy Dario y Antonio reciben a sus clientes. En este rincón elegante y tranquilo se puede tomar una copa de buen vino y disfrutar de agradables tapas, además de platos más consistentes como los raviolis caseros rellenos de ragú a la genovesa con pecorino *bagnolese* y reducción de vino elaborado con la variedad aglianico. Cocina contemporánea que honra el territorio. (instagram.com/lebbrezzaditeonilla)

George Restaurant

RESTAURANTE **€€€**

24 PLANO P. 88, A2

De vez en cuando apetece darse un capricho, y este es el lugar adecuado para caer en la tentación. El restaurante del Grand Hotel Parker, galardonado con dos estrellas Michelin, ocupa una de las terrazas más bonitas de la ciudad. El chef Domenico Candela sorprende a los comensales con los aromas y colores de esta tierra afortunada, que fusiona con sus experiencias internacionales. El resultado son pequeñas obras maestras como la *torzella* napolitana, las lentejas de Castelluccio IGP y regaliz de Calabria, los *tubetti* de Gragnano hervidos con esencia de azafrán de Irpinia, la jalea ácida al tamarindo, la sopa de algas *nori* y pescado de roca, y la tarta *tatin* de manzana *annurca* con natillas de haba *tonka*, yogur griego y helado de *fiordilatte* a la vainilla. Superlativo. (georgerestaurant.it)

Dónde beber

L'Antiquario COCTELERÍA

25 PLANO P. 88, E4

Bienvenidos al reino de la coctelería. Entre botellas hábilmente iluminadas, cortinas rojas, sofás y música elegida con gusto, cada noche se presenta en la barra un espectáculo de cócteles que cobran vida. Basta con seguir algunas reglas simples: la primera es que "quien no sabe beber, será invitado a abandonar el local"; tampoco se puede fumar, cometer actos obscenos, dormir ni molestar a las damas, ni pedir que cambien la música. Un auténtico paraíso para los amantes de los combinados: aquí se sirven cócteles y nada más. Se aconseja el sorprendente carrusel de Negroni. (instagram.com/lantiquario_napoli)

Mosto CERVECERÍA

26 PLANO P. 88, E3

Los amantes de la cerveza deberían darse una vuelta por este

L'Antiquario.

local, beber alguna cerveza artesanal interesante y luego pasar la tarde charlando tranquilamente. (mosto.beer)

Jus

VINOTECA NATURAL

27 PLANO P. 88, C3

En este establecimiento solo se sirven vinos naturales, difíciles de encontrar en otros lugares. También se puede cenar, pues ofrece una carta de platos corta aunque selecta. (facebook.com/jusenoteca naturale)

La Mela

CLUB, COCTELERÍA

28 PLANO P. 88, D2

La Mela era un club histórico de Nápoles, el lugar al que había que ir para ver y ser visto, símbolo de la buena vida de la década de 1960. Pero con el paso del tiempo todo ha cambiado: el nuevo local no se centra solo en el baile, sino en una carta de bebidas con 12 cócteles de autor bastante buenos, quizá el verdadero motivo para visitar hoy en día este templo de la noche. Se aconseja pedir al barman Vincenzo Iencharelli un Fluid: un cóctel con vodka, manzana, *umeshu* y champán. También hay una carta con 35 bebidas espirituosas de todo el mundo. (instagram.com/lamelanapoli)

Barril

BAR CON TERRAZA

29 PLANO P. 88, D3

Este establecimiento constituye un rincón confortable en Chiaia donde relajarse gracias al ambiente acogedor, el mobiliario cuidado que transmite una gran atención al detalle, los deliciosos aperitivos y los cócteles creativos. Hay que probar el Bloody Mary con manteca de Colonnata, el Old Fashioned con *roccocò* (galleta navideña típica napolitana) o el mojito de pera y chocolate. (facebook.com/BarrilNapoli)

Enoteca Belledonne

BAR DE VINOS

30 PLANO P. 88, D3

Este bar especializado en vinos, donde reina la amabilidad y el espíritu acogedor, es ideal para quienes no pueden imaginar el aperitivo sin una buena copa de vino, quizá de Campania (en este local no faltan opciones), y una tostada con verduras o embutidos, pan y anchoas o una tabla de quesos. Informal y frecuentado por lugareños con los que se puede charlar en la barra. (facebook.com/enotecabelledonne)

Flanagan's

COCTELERÍA

31 PLANO P. 88, E4

Este bar invita a entrar por su ambiente retro, las innumerables botellas que prometen bebidas imposibles y el mobiliario que decora el interior. Una vez se cruce el umbral, se encontrará un personal joven, motivado y con buena mano para los cócteles. Ya solo queda brindar con un Rubino: un cóctel muy rojo a base de mezcal, granada y chocolate blanco. (facebook.com/FlanagansNapoli)

Del teatro al cine: los lugares de Massimo Troisi

Nápoles es puro teatro. Y la vida cotidiana en la ciudad tiene un vínculo atávico con este arte. Lo sabía bien el actor Massimo Troisi, el querido Polichinela del s. xx, que dio sus primeros pasos en el teatro antes de pasarse al cine, describiendo en sus películas los lugares de Nápoles y el alma de esta ciudad, siempre en equilibrio entre la melancolía y la sonrisa, la bofetada y la caricia. En *El amor no es lo que parece*, una película de 1991 que cuenta la historia de una pareja de novios, Troisi interpreta al personaje principal, Tommaso, dueño de un restaurante en Borgo Marinari. En el barrio de Chiaia hay otro lugar muy querido por los seguidores del actor: la **Scalinata Massimo Troisi** (fuera de plano, p. 88, A3) en Via Andrea Mariconda (a decir verdad, no muy bien conservada). Fue aquí donde, en la inolvidable película *Perdón por el retraso* (1982), Vincenzo Rocco (Troisi) consuela en varias ocasiones, con ironía y sentido práctico, a su amigo Tonino (Lello Arena), que sufre porque su mujer se ha enamorado de otro hombre. Es imposible no sonreír al subir esta escalera.

Ocio

Teatro Sannazzaro

TEATRO

32 PLANO P. 88, F3

Esta casa de artistas en Via Chiaia, que los napolitanos llaman "la bombonera", merece una visita aunque solo sea para admirar la sala del s. xix, un derroche de colores oro y rojo. En este local fue donde prácticamente debutaron los De Filippo (y también donde Eduardo De Filippo conoció a Luigi Pirandello) y donde el género del cine de variedades encontró su sitio. La programación actual se basa íntegramente en la tradición napolitana, con una apertura hacia lo contemporáneo. (teatrosannazaro.it)

Associazione Alessandro Scarlatti

MÚSICA CLÁSICA

33 PLANO P. 88, E3

Esta sociedad musical, la más antigua del sur de Italia, acumula más de 100 años de historia. Tiene su sede en Piazza dei Martiri, pero organiza conciertos de música de cámara en varios puntos de la ciudad, incluido el Teatro Sannazzaro (p. 103). El nivel es altísimo, ya se trate de jóvenes talentos emergentes o de artistas de fama consolidada. Merece la pena asistir a uno de sus conciertos. (associazionescarlatti.it)

Multisala Filangieri

CINE

34 PLANO P. 88, E3

Los cines que resisten siempre son una buena noticia, sobre todo si

ADRIANA MALANDRINO/EDT ©

Vestíbulo del Teatro Sannazzaro (p. 103).

son históricos, como en este caso, una construcción protegida como ejemplo del estilo *art nouveau* napolitano. Antiguamente fue el Teatro Kursaal (en cuyas salas se estrenó *Navidad en casa de los Cupiello*, de los De Filippo, en 1931) y hoy es un multicine donde se proyectan preferentemente películas de autor. (filangieri.cinemadinapoli.18tickets.it)

De compras

E. Marinella

CORBATAS

35 PLANO P. 88, E4

Se trata de una de las referencias históricas de la sastrería italiana, napolitana para más precisión. Jefes de Estado y personalidades de la alta sociedad eligen Marinella desde el año 1914 por la elaboración artesanal de sus productos y porque vestir una de sus corbatas supone un símbolo de estatus. Todas están confeccionadas a mano, cada una con su propio número de serie, siguiendo el método de los siete pliegues, en seda estampada a mano. Hay cientos de modelos de corbata y miles de motivos diferentes para elegir. Para los madrugadores, la tienda abre muy temprano y ofrece café y hojaldres a los clientes. Hospitalidad totalmente napolitana. (emarinella.eu)

Nennapop

MODA

36 PLANO P. 88, D4

En esta elegante calle comercial se encuentra esta tienda de ropa de mujer muy animada (que dispone de otro establecimiento muy cerca, en Via Bisignano 25-26), cuyos escaparates provocan alegría e invitan a jugar con los colores y los tejidos, a experimentar y a lucir múltiples tonos, con clase y una pizca de descaro. Entre nuevos *looks* y tendencias a la última, el deseo de sentirse bella quedará inmediatamente satisfecho con estos modelos caleidoscópicos. (instagram.com/nenna.pop)

Paola Grande

JOYAS

37 PLANO P. 88, E3

Paola y Giulia, madre e hija, han sabido combinar su creatividad con el espíritu emprendedor y el amor por el arte y la joyería, creando una marca muy apreciada. Provienen de una familia de joyeros desde hace generaciones y llevan la profesión en la sangre. Sus sofisticadas creaciones, en plata, oro y piedras preciosas, se basan en las famosas técnicas distintivas de la orfebrería napolitana. Por eso los escaparates son fascinantes. (facebook.com/paolagrandegioielli)

IDEMlab BOLSOS ARTESANALES

38 PLANO P. 88, D3

Para lucir un aspecto impecable, estos codiciados bolsos son ideales, disponibles en numerosos colores y tamaños. Están hechos a mano con atención obsesiva por el detalle y elaborados con un cuero de excelente calidad. También hay accesorios a juego. Merece la pena echar un vistazo. (facebook.com/idemshop)

Francesco Merolla CAMISAS DE SASTRERÍA

39 PLANO P. 88, E4

Camisas hechas a mano como antaño, clásicas o ajustadas, en algodón de calidad, con cuellos, botones e incluso gemelos a elegir, y la posibilidad de bordar las iniciales: el lujo de una prenda que sienta como un guante. La habilidad sartorial de los napolitanos es famosa en todo el mundo (véase recuadro en p. 106) y se aprecia en estas camisas. Para meter en la maleta y lucir en ocasiones importantes. (instagram.com/francescomerolla60)

Livio De Simone ROPA

40 PLANO P. 88, E4

Los tejidos coloridos de Livio De Simone son un soplo de aire fres-

Nennapop.

co, un destilado del mar Mediterráneo en el corazón de Chiaia. Túnicas, bañadores, bolsos, objetos del hogar elaborados en colores vivos o con los estampados geométricos popularizados por De Simone y que también adoraba Audrey Hepburn. Todos los artículos están hechos a mano y tienen una personalidad única. Pero si se desea algo más, basta con pedirlo, pues se pueden añadir detalles para hacer que cada prenda sea única y satisfaga totalmente al portador. (facebook.com/LivioDeSimoneNapoli)

Francesco Tramontano JOYAS

41 PLANO P. 88, D3

Ejemplo de la mejor orfebrería moderna napolitana, Francesco Tramontano es un joven artesano cuyas creaciones remiten a su tierra y a su familia, que le transmitió la pasión por este oficio. Sus joyas son todas diferentes entre sí. Los amuletos colgantes en forma de cuerno tradicionales de Nápoles, el anillo con una reproducción del Vesubio: todo habla de Nápoles con gracia y estilo. (facebook.com/francescotramontanogioielli)

Gennaro Regina Gallery LÁMINAS

42 PLANO P. 88, C2

Fuertemente influenciado por el *pop art*, Gennaro Regina crea obras de un gran impacto visual, en las que no faltan los símbolos de Nápoles. El Vesubio, a menudo representado en erupción, es el gran protagonista de sus impresiones sobre lienzo, presentes en

La tradición sartorial de Nápoles

Se dice que la sastrería napolitana es una de las mejores del mundo. Lo cierto es que tiene una larga historia, que se remonta al menos al año 1351, cuando nació la cofradía de los sastres en la iglesia de Sant'Eligio al Mercato. Nápoles era entonces la capital del reino de las Dos Sicilias. En el s. XV, con el surgimiento de las primeras manufacturas que trabajaban principalmente con tejidos de lana y seda, el de sastre se convirtió en un oficio codiciado y cotizado. En los dos siglos siguientes la demanda aumentó y la profesión floreció: en el s. XVII en Nápoles trabajaban más de 600 sastres. Pero el crecimiento se detuvo en el s. XVIII, antes de volver a florecer en el s. XIX, cuando todo el mundo quería prendas hechas a medida en Nápoles, especialmente los hombres. El s. XX supuso la consagración definitiva de este arte, con pequeños talleres, a menudo no muy elegantes y con pocos medios, que sin embargo obtuvieron reconocimiento por la calidad de su mano de obra, llegando a exportar sus productos con enorme éxito. Aún hoy Nápoles es una referencia con su saber hacer artesanal, con prendas confeccionadas y terminadas a mano en las que la atención al detalle, la calidad de los tejidos y el corte son insuperables.

Le Zirre Napoli.

muchos hogares napolitanos. Pero también están presentes las islas, Capri e Ischia, la costa y símbolos apotropaicos como los cuernos. Es la mejor manera de llevarse a casa un pedazo de Nápoles. (gennaro regina.com)

Le Zirre Napoli BOLSOS ARTESANALES

43 PLANO P. 88, C3

Le Zirre (que significa "las terribles") es una empresa familiar convertida en una marca reconocida a nivel nacional. Los excelentes acabados y la practicidad son dos de los puntos fuertes de estos productos, que se han convertido en objeto de colección de las damas napolitanas. Se elaboran con terciopelo texturizado y brocado, y no con cuero, para apoyar una producción respetuosa con los animales. (lezirrenapoli.it)

Asad Ventrella JOYAS ARTESANALES

44 PLANO P. 88, E3

Una cosa es segura: las joyas de Asad Ventrella garantizan que quien las lleve no pase desapercibido. Sus antepasados ya eran proveedores de la Casa Real de Saboya, con lo que su destino quedó felizmente sellado hace generaciones. Los Ventrella crean joyas desde mediados del s. XIX, pero saben renovarse adaptándose a las tendencias de los tiempos actuales. Merece la pena ver el anillo en forma de cuerno o la gargantilla de dos cuernos (para más seguridad), o los pendientes que representan el nacimiento de la sirena Parténope. Las joyas de Asad son futuristas, pequeñas esculturas que causan impresión. (asadventrella.it)

Explorar

Mergellina y Posillipo

Una sobredosis de belleza se despliega ante los ojos del visitante: el paseo marítimo de Mergellina, con su pequeño puerto, sus casitas y los vendedores de ostras y taralli, la colina de Posillipo y su fabuloso panorama, un parque arqueológico con vistas al mar y una reserva marina para bucear, observar aves y escuchar historias de villas malditas. Y luego están las impresionantes residencias que se vislumbran desde el mar, los rincones con rocas donde tomar el sol y zambullirse, los aperitivos en la playa y la sensación de que la vida aquí es más luminosa.

Lo esencial

- ***Pausilypon y Parco Sommerso di Gaiola (p. 110)*** *La fascinación de la arqueología y el poder de la naturaleza en una combinación perfecta.*
- ***Descubrir la costa en kayak (p. 114)*** *Admirar el espectáculo de Nápoles vista desde el mar.*
- ***Parco Vergiliano (p. 118)*** *Donde se cierne la figura de un Virgilio poeta y mago.*
- ***Pontile Nord di Bagnoli (p. 122)*** *En el paseo marítimo más largo de Europa se tiene la impresión de caminar sobre el agua.*

Cómo llegar y desplazarse

Funicular de Mergellina: paradas Mergellina, Sant'Antonio, San Gioacchino, Parco Angelina, Manzoni; 140, 151, 180, 181, C1, C21, C31, C16, 502, 612, 622, R7, EAV; M Línea 2: estaciones Mergellina, Piazza Leopardi, Campi Flegrei, Cavalleggeri Aosta, Bagnoli, M Línea 6; Cumana: estaciones Fuorigrotta, Mostra, Edenlandia, Agnano, Bagnoli.

Plano de la zona en p. 116.

Vista de Nápoles desde Posillipo. EDDYGALEOTTI/DREAMSTIME.COM ©

Las mejores experiencias

Bucear en una reserva marina en Pausilypon y Parco Sommerso di Gaiola

A un lado la ciudad con su bulliciosa vida cotidiana; en el centro un antiguo túnel de casi 800 m excavado en la roca; al otro lado el edén, con la villa de Publio Vedio Pollione, dos teatros romanos, una vegetación salvaje y, tras un agradable descenso hasta el mar, el Parco Sommerso di Gaiola. Al ver el agua de cerca se entiende por qué los griegos llamaban a este lugar Pausilypon, es decir, "que hace desaparecer el dolor".

PLANO P. 116, D6

gaiola.org/pausilypon, areamarinaprotettagaiola.it

M Línea 2, estación Campi Flegrei, y C1/R7, M Línea 2, estación Mergellina, y 140

Gruta de Seiano

Los nobles romanos necesitaban conectar sus villas de Posillipo con los puertos de Puteoli y Cuma. El primero en detectar esta necesidad fue Marco Vipsanio Agripa, general de Augusto, quien encargó la construcción de un túnel a Lucio Cocceio Aucto; 50 años más tarde, en el s. I, Lucio Elio Seiano, prefecto de Tiberio, ordenó ampliar esta gruta hasta los 770 m de longitud y le puso su nombre. Redescubierto por Fernando II de Borbón, durante la II Guerra Mundial el túnel sirvió de refugio para luego caer en el abandono. Actualmente, tras su reapertura en el 2009, se pueden recorrer junto a los guías que explican su construcción los casi 800 m del túnel, bien iluminado y perfectamente ventilado gracias a conductos abiertos hacia el sur, directamente al mar. Es como hacer un viaje en el tiempo, desde la ciudad moderna hasta un oasis en mitad de la naturaleza, entre restos de la Antigüedad.

Parco Archeologico Pausilypon

A la salida de la cueva, único acceso a la zona, se sigue un sendero por la naturaleza que lleva a los restos de la **villa del caballero romano Publio Vedio Pollione,** que se halla frente a la bahía "caribeña" de Trentaremi y ofrece una vista que se extiende hasta la isla volcánica de Nisida. El complejo, llamado Pausilypon por la belleza y dulzura de su posición (nombre del que deriva el del barrio de Posillipo, también codiciado por sus vistas y su tranquilidad), pasó luego a manos del emperador Augusto, quien quiso convertirlo en su refugio, su villa de ocio, una auténtica residencia imperial. La magnífica residencia incluía varios edificios, termas, jardines e incluso dos teatros, aún visibles: uno al aire libre para 2000 espectadores, con una piscina para albergar espectáculos acuáticos, y el odeón, un teatro cubierto destinado al canto y a la poesía. Es un lugar todavía hoy alejado de las preocupaciones.

★ Consejos

- La mejor opción es la visita guiada (solo al Pausilypon adultos/reducida 7/4 €; integrada "tierra y mar" adultos/reducida 18/10 €).
- Para revivir la magia de un espectáculo en un teatro antiguo, **Suggestioni all'Imbrunire** (facebook.com/suggestioniallimbruniere) hace muestras de música, danza y teatro en el parque arqueológico en mayo y junio.
- Hay que portarse bien en el barco: los gatos que lo han elegido como hogar (con buen criterio) están vigilantes.
- Si se quiere ir a la playa en Gaiola hay que acordarse de reservar, pues las plazas son limitadas.

Una pausa

A dos pasos del mar, en Marechiaro, **al Faretto** (facebook.com/Alfarettoterrazzasulmare) cuenta con una espléndida terraza y una excelente cocina a base de pescado. Los espaguetis con almejas están hechos como mandan los cánones.

Parco Sommerso di Gaiola

Accediendo desde la cercana Discesa Gaiola, entre matorral mediterráneo, y siguiendo un tramo de 150 escalones, se llega al **Area Marina Protetta Parco Sommerso di Gaiola** (areamarinaprotettagaiola.it), la reserva marina más pequeña de Italia. Si se **reserva en línea** (area marinaprotettagaiola.it/prenotazione), se puede hacer una parada en la playa y darse un chapuzón en las aguas cristalinas de esta costa para apreciar toda la belleza del mar de Nápoles. La zona, anteriormente abandonada, deteriorada y cubierta de desechos, ha sido totalmente recuperada en los últimos 15 años y hoy parece irreconocible: es un verdadero paraíso para los viajeros que tienen la suerte de admirarla (el acceso es limitado). Esto se debe en parte al trabajo de ciudadanos decididos que ayudaron a limpiar la playa y a los voluntarios del CSI Gaiola ONLUS. Las visitas guiadas para descubrir el parque parten del **CeRD** (areamarinaprotetta gaiola.it/cerd), que se encuentra en el corazón de la reserva, justo frente a los emblemáticos **islotes de Gaiola.** Hay varias formas de visitar Gaiola respetando la zona protegida. Uno de ellos es el circuito **Aquavision** (gaiola.org/aquavision) a bordo de un barco con fondo transparente para admirar el tramo de costa, los islotes de Gaiola con la villa (ahora en ruinas) de las mil historias y leyendas y la bahía de Trentaremi.

También se ven los restos de edificios termales y los antiguos estanques de peces de Pollione (9000 m^2), los embarcaderos de la antigua villa, la zona de los baños inferiores, el Palazzo degli Spiriti y finalmente la Escuela de Virgilio, donde se dice que el poeta daba lecciones de magia a sus discípulos, que bebían sus palabras y lo adoraban

Islotes que forman la isla de Gaiola.

La villa maldita

En todas las fotografías de **Gaiola** (plano p. 116, D6) aparecen sus islotes, un arco que los conecta y los restos de una **villa** considerada "maldita" por la triste suerte de sus sucesivos propietarios. El primero fue Luigi De Negri, que en 1874, tras comprar la isla, decidió construir la mansión; sin embargo, su negocio de piscicultura pronto se vino abajo. Desde entonces, la historia y la leyenda se han confundido: un acorazado encalló cerca de Gaiola, el cable de un teleférico que conectaba la villa con tierra se rompió, una mujer murió ahogada y los dos propietarios se suicidaron. Luego, un rico empresario murió de un infarto y otro enloqueció y se suicidó, un magnate del acero se arruinó y Gianni Agnelli, en los años de Gaiola (suya fue la idea de construir un helipuerto en el islote), perdió muchos seres queridos, y el sobrino del magnate del petróleo Paul Getty fue secuestrado. Así hasta Gian Pasquale Grappone, que acabó en prisión por quiebra fraudulenta. Vendida en subasta, la villa pertenece ahora a la región. ¿La futura estación de vigilancia medioambiental romperá la maldición? Ojalá.

como a una estrella. Quienes deseen zambullirse en este mar entre aguamarina y turquesa pueden escoger la opción del **esnórquel** (gaiola.org/snorkeling) para admirar de cerca los tesoros de la reserva con aletas y máscara; la visita es apasionante y apta para todos. Si se posee la certificación adecuada, también se puede elegir la fórmula del **submarinismo** (gaiola.org/diving), para bucear entre los fondos rocosos de Cavallara y descubrir un fascinante entorno coralino en compañía de biólogos y ecologistas marinos. Existen otras dos opciones de visita: el **Pausilypon** (gaiola.org/pausilypon), con o sin guía, para visitar la gruta de Seiano y disfrutar en solitario de la belleza de la parte arqueológica (es recomendable la opción guiada, con excelentes profesionales); y el **recorrido integrado por tierra y mar** (gaiola.org/integrato), que, gracias a los guías, permite tener una visión completa de la zona y que conecta el Pausilypon con el Parco Sommerso di Gaiola, donde se realiza el apasionante recorrido por mar en un barco con fondo transparente que hará felices a los niños. También los adultos quedarán asombrados, pues la belleza repartida entre Marechiaro, Cala San Basilio y la bahía de Trentaremi es impresionante. Además, se pueden hacer **excursiones en kayak** (areamarinaprotettagaiola.it/kayak-etico-sostenibile) de forma independiente, siempre que se respeten las reglas del parque. En los acantilados de toba amarilla se pueden descubrir aves invernantes (cormoranes, garzas y becadas, fáciles de ver algunos días), mientras bancos de castañuelas, doradas y coloridos peces verdes nadan plácidamente entre los antiguos restos romanos sumergidos.

Circuito en kayak

Descubrir la costa en kayak

Ver Nápoles desde el mar es el regalo que todo viajero debería hacerse. La costa, formada por calas y ensenadas, está adornada con villas, playas rocosas, restos arqueológicos y una flora y fauna marinas que invitan a conocerlas. Lo ideal es elegir un vehículo ético, sostenible y de bajo impacto, como un kayak, y seguir las instrucciones de areamarinaprotettagaiola.it/mappa-zonazione para respetar las prohibiciones.

Datos

Inicio Bahía de Rocce Verdi

Final Bahía de Rocce Verdi

Distancia Aprox. 3 km (1,6 mn), 5-6 h i/v con paradas

❶ Bahía de Rocce Verdi

Para alquilar un kayak o una canoa, hay que ir en coche o autobús a la bahía de Rocce Verdi, que se encuentra entre Villa Rosebery y Marechiaro y no suele estar muy concurrida, a pesar de sus aguas transparentes. Se pueden descubrir sus fondos marinos transparentes desde el punto de alquiler de **Kayak Napoli** (kayaknapoli.com).

❷ Marechiaro

Desde el punto de partida, hacia el suroeste, se encuentra un pequeño pueblo del distrito de Posillipo, cuyo nombre ya describe el hermoso mar que lo baña, Marechiaro ("mar claro"). Hay que hacer una parada en su pequeña playa y darse un baño regenerador, disfrutando plenamente de su ambiente relajado. También alquilan **kayaks** (facebook.com/assmarechiaroesotica).

❸ Palazzo degli Spiriti

De nuevo en kayak, siempre mirando al suroeste de Nápoles, llama la atención un edificio de época romana en el perfil de esta costa: se trata del famoso Palazzo degli Spiriti ("palacio de los Espíritus"), que formó parte de un ninfeo de la villa de Pollione. A los pescadores de Marechiaro les gusta decir que las ruinas están habitadas por espíritus y presencias misteriosas, tal vez por el fantasma de Virgilio. Misterios aparte, la vista es realmente inolvidable. No hay que imitar a quienes se zambullen desde el palacio, pues no es seguro. Es mejor quedarse en el agua.

❹ Cala San Basilio

En el Parco Sommerso di Gaiola se encuentra esta fantástica calita, cuyas aguas brillan en todos los tonos de azul. También es un buen sitio para admirar la belleza del lugar y disfrutar de un baño.

❺ Baia di Trentaremi

Se avanza por la playa de Gaiola y, siguiendo hacia el oeste, se bordea por fuera los islotes de Gaiola en la zona B, para evitar la zona A (reserva integral). De repente surge la espectacular Baia di Trentaremi. La zona es propensa a los desprendimientos de tierra y tiene un hábitat delicado. Está prohibido pararse en la orilla o acercarse demasiado.

❻ Desvío: Villa Rosebery

Antes de regresar al kayak, se puede hacer un desvío al este para ver a la izquierda una gran residencia blanca del s. XIX: **Villa Rosebery** (palazzo.quirinale.it/visitapalazzo/prenotarosebery.html). Es una de las residencias oficiales del presidente de la República Italiana y solo puede visitarse en determinadas ocasiones. Al norte, en Giuseppone a Mare, también se alquilan kayaks y tablas de surf de remo.

Una pausa

Se puede parar para disfrutar de un suntuoso almuerzo en el restaurante **'A Fenestella** (ristoranteafenestella.it). Se aconsejan los ñoquis caseros y el pescado frito.

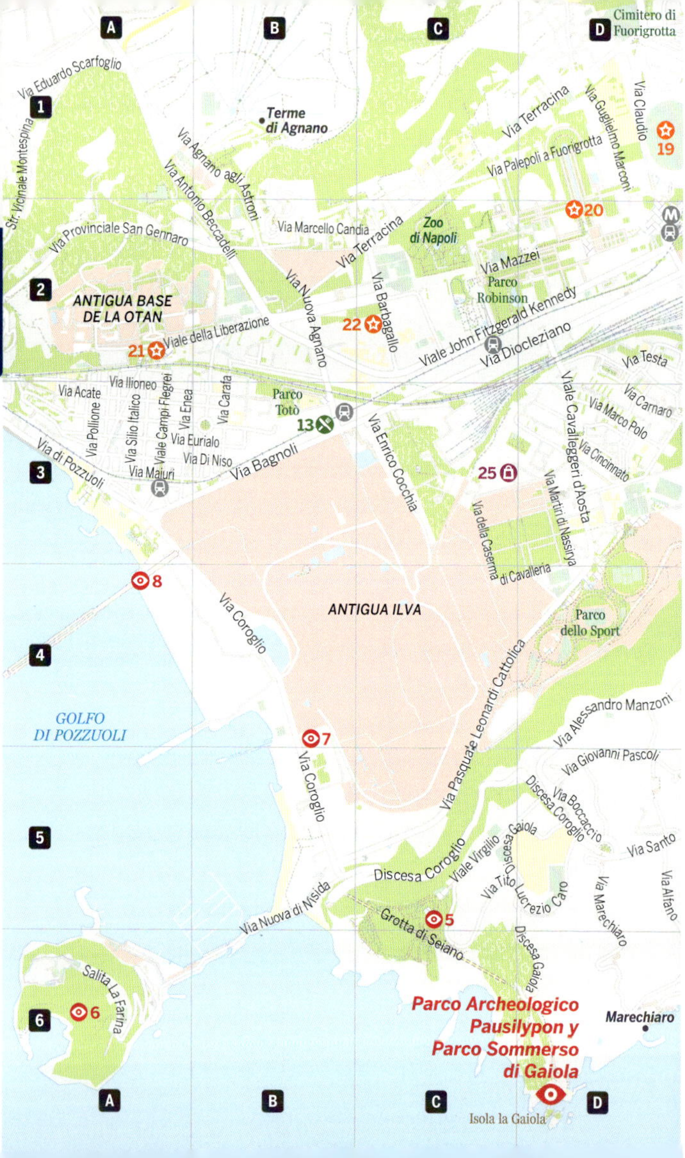
A
B
C
D
1
2
3
4
5
6
Cimitero di Fuorigrotta
Via Eduardo Scarfoglio
Str. Vicinale Montespina
Terme di Agnano
Via Agnano agli Astroni
Via Antonio Beccadelli
Via Terracina
Via Guglielmo Marconi
Via Claudio
19
Via Palepoli a Fuorigrotta
20
Via Provinciale San Gennaro
Via Marcello Candia
Zoo di Napoli
Via Mazzei
Parco Robinson
ANTIGUA BASE DE LA OTAN
Via Nuova Agnano
Via Barbagallo
22
Viale della Liberazione
21
Viale John Fitzgerald Kennedy
Via Diocleziano
Via Testa
Via Acate
Via Ilioneo
Via Pollione
Via Silio Italico
Viale Campi Flegrei
Via Enea
Via Carafa
Parco Totò
13
Via Carnaro
Via Marco Polo
Via Eurialo
Via Di Niso
Via Maiuri
Via di Pozzuoli
Via Bagnoli
Via Enrico Cocchia
Viale Cavalleggeri d'Aosta
Via Cincinnato
25
Via Martiri di Nassirya
Via della Caserma di Cavalleria
8
Via Coroglio
ANTIGUA ILVA
Parco dello Sport
Via Pasquale Leonardi Cattolica
GOLFO DI POZZUOLI
7
Via Alessandro Manzoni
Via Giovanni Pascoli
Discesa Coroglio
Via Boccaccio
Via Santo
Discesa Gaiola
Viale Virgilio
Via Tito Lucrezio Caro
Via Marechiaro
Via Alfano
Via Nuova di Nisida
Grotta di Seiano
5
Salita La Farina
6
Parco Archeologico Pausilypon y Parco Sommerso di Gaiola
Marechiaro
Isola la Gaiola

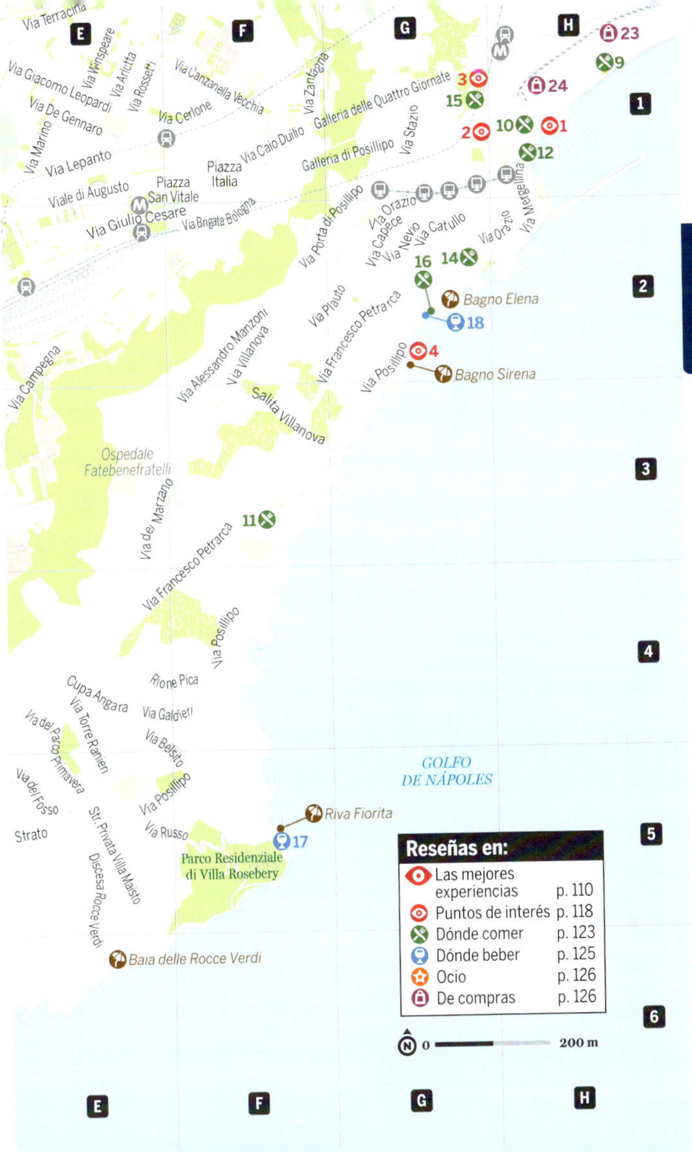
Via Terracina
Via Winspeare
Via Arietta
Via Rossetti
Via Giacomo Leopardi
Via De Gennaro
Via Marino
Via Lepanto
Viale di Augusto
Piazza San Vitale
Via Giulio Cesare
Via Brigata Bologna
Via Cerlone
Via Canzanella Vecchia
Via Zantagna
Piazza Italia
Via Caio Duilio
Galleria delle Quattro Giornate
Galleria di Posillipo
Via Stazio
Via Porta di Posillipo
Via Orazio
Via Capece
Via Nevio
Via Catullo
Via Orazio
Via Mergellina
Bagno Elena
Bagno Sirena
Via Plauto
Via Francesco Petrarca
Via Posillipo
Via Alessandro Manzoni
Via Villanova
Salita Villanova
Via Campegna
Ospedale Fatebenefratelli
Via dei Marzano
Via Francesco Petrarca
Via Posillipo
Rione Pica
Cupa Angara
Via Torre Ranieri
Via del Parco Primavera
Via Galdieri
Via Belsito
Via Posillipo
Via del Fosso
Strato
Str. Privata Villa Maisto
Discesa Rocce Verdi
Via Russo
Riva Fiorita
Parco Residenziale di Villa Rosebery
Baia delle Rocce Verdi
GOLFO DE NÁPOLES
Reseñas en:
Las mejores experiencias p. 110
Puntos de interés p. 118
Dónde comer p. 123
Dónde beber p. 125
Ocio p. 126
De compras p. 126
0
200 m

Puntos de interés

Mergellina PASEO MARÍTIMO

1 PLANO P. 116, H1

Las antiguas fotos de Mergellina muestran un rincón habitado por diligentes pescadores. Pero hoy esta zona (a la que muchos napolitanos llaman Margellina) ha perdido en parte su relación con el mar, cada vez más obstaculizada por el hormigón. Afortunadamente, aún queda un bonito paseo marítimo con casitas y puestos de comida, desde *taralli* hasta ostras, y el puerto turístico desde donde también se puede partir hacia las islas Eolias. Cerca del puerto está la hermosa **Fontana de la Sirena,** que volvió a brillar en el 2023 tras los trabajos de reforma y en la que Partenope sostiene una lira; en el Molo Luise se puede caminar mientras se admira la vista. Mergellina se extiende hasta Largo Sermoneta, donde se encuentra la **Fontana del Sebeto** (el río que fluía en Nápoles) del s. XVII diseñada por Cosimo Fanzago.

Vista desde el Belvedere di Sant'Antonio.

ADRIANA MALANDRINO/EDT ©

Belvedere di Sant'Antonio a Posillipo MIRADOR

2 PLANO P. 116, G1

Los galanes de cierta edad cuentan con orgullo que, cuando querían impresionar a una dama, la llevaban a este mirador para mostrarle la vista más bella de Nápoles. Sea o no la mejor vista, en cualquier caso las damas quedarían impresionadas por este balcón privilegiado, que se abre frente a la iglesia del mismo nombre. También es conocido como "el belvedere de los 13 descensos" (*trirece scese* en dialecto napolitano) por las 13 curvas en forma de U que lo preceden, encargadas por el virrey Ramiro de Guzmán, duque de Medina, para la ascensión a pie de los fieles a la iglesia. Es perfecto para una foto de recuerdo (y también para conquistar el ansiado amor).

Parco Vergiliano PARQUE

3 PLANO P. 116, G1

Al pie del promontorio de Posillipo se eleva sobre una colina este parque literario y arqueológico, donde a los napolitanos les encanta pasear. El aire es limpio, la vegetación está bien cuidada y las vistas no

Todos a la playa: dónde bañarse y tomar el sol

El mar es parte de la esencia de Nápoles. Y quien diga que para darse un chapuzón hay que ir a la costa no conoce las preciosas playas de la capital napolitana. En Posillipo está desde 1840 **Bagno Elena** (plano p. 116, G2; bagnoelena.it), en la playa volcánica situada al pie del Palazzo Donn'Anna, con un chiringuito, un pequeño restaurante y un muelle como solárium. Fue el primer establecimiento balneario en la historia de Nápoles y lo frecuentaron personalidades como Richard Wagner y Oscar Wilde. Inaugurado diez años después del Elena, **Bagno Sirena** (plano p. 116, G2; facebook.com/bagnosirenanapoli) también permite elegir entre la playa y el muelle e incluso comer algo. **Riva Fiorita** (plano p. 116, F5), en cambio, es una playa de acceso libre, dominada por **Villa Volpicelli** (que los fans de la serie *Un posto al sole* seguramente reconocerán), para zambullirse desde las rocas. Para disfrutar de la belleza de la costa con total comodidad está la **Baia delle Rocce Verdi Private Beach** (plano p. 116, E6; baiadellerocceverdi.it), donde es posible tumbarse junto al mar e incluso nadar en una piscina de agua salada. Pero el mar aquí es tan hermoso que hay otras opciones, como ponerse una máscara y aletas y admirar el fondo marino. Famoso por la tronera celebrada por el poeta Salvatore Di Giacomo y el músico Francesco Paolo Tosti (todavía visible hoy y con una placa), **Marechiaro** (plano p. 116, D6) es un pequeño pueblo de pescadores muy popular en verano. En verano se activa la zona de tráfico limitado (ZTL) y hay que dejar el coche en un aparcamiento río arriba y bajar a pie hasta la playa. ¡Feliz baño!

faltan, pero hay más motivos para visitarlo. Alberga, por ejemplo, el **mausoleo de Giacomo Leopardi,** que desde 1939 acoge los restos del poeta de Recanati y es destino de muchos lectores. Quienes se hayan sentido fascinados por las páginas de Virgilio y por su fama como mago pueden visitar la **Crypta Neapolitana,** un columbario de *opus reticulatum* con bóveda de cañón, donde se dice que está enterrado el poeta y que a lo largo de los siglos ha atraído a sus admiradores, incluidos Petrarca y Boccaccio. La cueva, que no se puede visitar, conecta Nápoles con Fuorigrotta, Pozzuoli y los Campi Flegrei y, según la leyenda, fue construida por el propio Virgilio en una sola noche. Lo cierto es que fue construida en el s. I a.C. a instancias de Augusto como lugar de culto dedicado a Mitra y otras deidades. En la entrada, a la izquierda, se ve el fresco de la Virgen Odigitria, que aparentemente servía para disuadir los rituales paganos. (facebook.com/Parcoetombadivirgilio)

Parco Vergiliano (p. 118).

Palazzo Donn'Anna

PALACIO

4 PLANO P. 116, G2

Es imposible no verlo desde la costa, con su aspecto de ruina que, sin embargo, no le resta encanto. Pero ¿qué es?, se preguntan quienes ven este palacio de toba (que parece arena o tierra) inacabado que se asoma a las preciosas aguas de esta costa. Anna Carafa della Stadera, princesa de Stigliano y esposa del virrey de Nápoles Ramiro Núñez de Guzmán, se empeñó en su construcción en 1642; según los deseos de la noble, el edificio debía albergar los eventos sociales de la corte. La obra se encargó al arquitecto más cotizado de la época, Cosimo Fanzago. El sueño, sin embargo, se hizo añicos: el virrey huyó a España, debido a un levantamiento popular que hizo caer el virreinato, y Anna, su esposa no amada y traicionada, cayó en desgracia y murió. Así, el palacio quedó inacabado, adquiriendo ese encanto eterno y siniestro que aún hoy lo caracteriza y del que Matilde Serao escribió: "Los ventanales altos, anchos, sin cristales, parecen ojos sin pensamiento". Dañado durante la revuelta de Masaniello, pasó de mano en mano hasta dividirse en apartamentos, actualmente habitados. Sin embargo, una parte se puede visitar presentando una solicitud a la **Fondazione Ezio De Felice** (fondazionedefelice.it), un centro de investigación científica y experimental para la restauración y la museografía y que ocupa lo que fue el teatro del palacio; al asomarse al balcón es fácil sentirse el amo de Nápoles. Durante el recorrido, para los más afortunados con explicaciones a cargo del arquitecto Roberto Fedele, generoso en anécdotas, se conoce al Sr. Pasquale, un hombre brusco con un corazón de oro, que vive a nivel del mar (donde los lugareños poseen un encanto eterno y se palpa el carácter incompleto del edificio) y, a través del conserje, alquila canoas; él también es parte de la historia de este edificio fantasmagórico.

Parco Virgiliano

PARQUE

5 PLANO P. 116, C5

En Posillipo todo el mundo frecuenta y conoce este parque y todos tienen un buen motivo para visitarlo: hay quienes pasean al perro, novios que buscan intimidad, madres con niños ansiosos. La zona verde ocupa 92 000 m^2 en el promontorio de Posillipo, al este del cual se ven Nisida y el golfo de Pozzuoli, y al oeste la bahía de Trentaremi y el Parco Sommerso di Gaiola, mientras que enfrente surgen las islas de Capri, Procida e Ischia. El primero de los miradores merece la pena. Finalmente, en el camino de acceso, entre los pinos marítimos, se celebra todos los jueves el **mercadillo de Posillipo,** donde se venden todo tipo de productos a buenos precios. En el 2024 empezaron las importantes y esperadas obras de remodelación del parque. Esto ayudará a comprender mejor la belleza del lugar, que hoy en día no alcanza su máxima expresión.

Nisida

ISLA

6 PLANO P. 116, A6

Esta pequeña isla de origen volcánico (0,7 km^2 de superficie) situada en la zona de Coroglio, que se puede contemplar desde el promontorio de Posillipo, forma parte del archipiélago de las Flégreas y está unida al continente por un muelle, por lo que no es realmente una isla. La mitología la menciona como lugar de desembarco de Odiseo, la historia como sede de villas, monasterios y castillos desde la época romana, el lugar donde se urdió la conjura contra César, escondite de piratas y lazareto. Actualmente alberga una prisión de menores, por lo que está controlada y no se puede visitar, pero siempre se puede preguntar si es

Palazzo Donn'Anna.

Termas entre chimeneas volcánicas

La zona de Agnano, en los Campi Flegrei (caldera activa cuya actividad se manifiesta con intensas desgasificaciones, frecuentes terremotos y evidentes deformaciones del terreno), entre Fuorigrotta, Bagnoli y Pianura, es conocida desde la Antigüedad por sus termas y aún hoy presume de un *spa* muy bien equipado. Las **Terme di Agnano** (plano p. 116, B1; termediagnano.it) disponen de piscina interior y exterior, sauna y solárium. También se puede disfrutar de un masaje relajante y visitar, en una hora, las antiguas estructuras de la época helenística, la Grotta del Cane y los restos de las **termas romanas** (termediagnano.it/archeologia), de los ss. I y II, cuya construcción fue encargada por el emperador Adriano. ¡Los romanos sí que sabían cuidarse!

posible ir al puerto deportivo solo para tomar una foto.

Città della Scienza MUSEO

7 PLANO P. 116, B4

Después del terrible incendio del 2013, con efectos destructivos, este centro de difusión de la ciencia, ubicado en una antigua fábrica, ha podido renacer. Actualmente es un lugar que gusta a todos, especialmente a los más pequeños, a quienes les encanta la sección dedicada a los insectos, dividida en seis zonas temáticas. Pero aquí también se hallan el museo interactivo sobre el cuerpo humano, llamado **Corporea,** que promueve hábitos saludables y la investigación científica, así como el conocimiento de esa maravillosa máquina que es nuestro cuerpo, y el **Planetario,** que en el aspecto tecnológico es el más avanzado de Italia, tiene un diámetro de 20 m y 120 asientos, y donde ver espectáculos y películas es como sumergirse en el cielo estrellado o soñar despierto. (cittadellascienza.it)

Pontile Nord di Bagnoli PASEO

8 PLANO P. 116, A4

El horizonte de Bagnoli, un barrio de la zona occidental de Nápoles que forma parte de los Campi Flegrei, está profundamente marcado por los restos de las plantas siderúrgicas, activas de 1910 a 1993. Los esqueletos industriales todavía permanecen, testimonio de un pasado difícil de digerir. Desde hace años se debaten y diseñan proyectos de reurbanización de toda la zona, pero nada ha cambiado. Sin embargo, hay que ir para recorrer el Pontile Nord ("muelle norte"), que se adentra 900 m en el mar: casi se pueden tocar las islas mientras se camina sobre el agua. Y es el momento de retroceder en el tiempo con la imaginación, al menos hasta finales del s. XIX, cuando Bagnoli era un destino vacacional muy solicitado con villas y *spas*, un paisaje muy diferente al actual.

Dónde comer

Cibi Cotti Nonna Anna

COCINA NAPOLITANA €

9 PLANO P. 116, H1

Se trata del mejor restaurante de cocina napolitana de la capital. Esto no significa que haya que esperar muchas formalidades, una puesta en escena sofisticada y un servicio de nivel. Porque la verdadera cocina napolitana es casera, abundante, rica y sabrosa. Dispone de unas cuantas mesas dentro del mercado cubierto de **Torretta,** donde también hay puestos de fruta que de verdad sabe a fruta. Hay que presentarse sin reserva y echar un vistazo: por todas partes hay imágenes que recuerdan a la abuela Anna, una histórica restauradora que dejó este rincón de la vida napolitana como legado a su familia. Luego hay que elegir la comida en la barra, acompañada con el vino de la casa. La llegada de los primeros platos se anuncia con gritos de: "¡Marchando una de pasta y frijoles!" o "Llevo una pasta a la genovesa, ¿para quién es?". Aquí uno se siente como en casa. Imprescindible. (facebook.com/cibicottinonnaanna)

50 Kalò

PIZZERÍA €

10 PLANO P. 116, H1

Ciro Salvo, conocido como "el maestro de la masa", forma parte de una familia que, como suele ocurrir en Nápoles, cuenta con ge-

Ciro Salvo de 50 Kalò.

neraciones de pizzeros. Su masa está mucho más hidratada de lo habitual, por lo que la *pizza* resulta ligera y fácil de digerir, además de llevar ingredientes locales y aceite solo al final, y se acompaña de una buena selección de cervezas artesanales elaboradas en exclusiva para Salvo. Después de las habituales frituras (la tortilla de *bucatini* es especial), hay que probar la Gialla Provola e Pepe, con tomatitos amarillos de Piennolo, provola de Agerola, pimienta negra y albahaca, o el *calzone* relleno de ricota, *fior di latte* de Agerola, salami de Irpino, pimienta y, entre otras delicias, aceite de oliva virgen extra de las colinas de Salerno. Una gran *pizza.* No se admiten reservas, así que hay que hacer cola pacientemente. (50kalò.it)

Bilancione

HELADERÍA €

11 PLANO P. 116, F3

El de Bilancione es el helado tradicional del domingo después de la playa, cuando apetece algo fresco que no quite el hambre para la cena. La heladería goza de una ubicación ideal para admirar el Vesubio y, además de los sabores tradicionales, ofrece algunos particulares como el de albahaca o la armonía de pistacho y almendras, así como otros históricos como Don Vincenzo y Oro di Napoli. Pero también se puede disfrutar de brioches con helado, semifríos, hojaldres rellenos de helado y mucho más. Una oferta totalmente deliciosa. (gelateriabilancioneposillipo.it)

Chalet Ciro

CASA €

12 PLANO P. 116, H1

Entre las numerosas casas de Mergellina situadas frente al mar, Ciro (esta es la sede histórica, pero hay otras en la ciudad) es parada obligada desde hace más de 70 años para degustar la *graffa,* una rosquilla frita cubierta de azúcar. Las de Ciro son enormes, cálidas, suaves, tiernas. También la variante denominada *graffetto* es sorprendente: con forma de cruasán, abierta y rellena de nata y chocolate. Además, ofrece su hermano estival, el cucurucho-*graffa* relleno de helado. Y por si fuera poco, Ciro también elabora el *buondì,* en su versión simple, de chocolate o de mermelada. No es apto para quienes cuenten las calorías. Abre hasta altas horas de la noche. (chaletciro1952.com)

Diego Vitagliano

PIZZERÍA €€

13 PLANO P. 116, B3

Si se visita Bagnoli para pasear por su Pontile Nord (p. 122), hay que aprovechar para comer una *pizza* en una de las estrellas de Nápoles: Diego Vitagliano, el rey de la masa. Su *pizza,* crujiente pero no demasiado, es ligera y fácil de digerir, fermentada durante 36 h, muy hidratada y con poca sal. Los clásicos no faltan, pero si se desea algo especial se aconseja la Conciaciccia, con tomatitos amarillos de Piennolo, salami de cerdo picante de Campi Flegrei, *fior di latte* de Agerola y lascas de cacioricotta de Cilento. (diegovitagliano.it)

Il Miracolo dei Pesci

RESTAURANTE €€

14 PLANO P. 116, G2

El milagro lo realiza este pequeño restaurante familiar, espartano en su decoración, donde el vino es de la casa, el pescado muy fresco y las propuestas siempre intrigantes. Y ese milagro es no estropear la materia prima, dejando en el paladar la alegría de los sabores y la frescura del pescado. Vale la pena probar uno de los platos ya históricos, la *calamarata* con salsa marinera y pesto de pistachos, pero también el ragú de mar y los platos fritos, a la parrilla y crudos. También son excelentes las berenjenas *alla pullastiello,* con pez cinto y provola. Se aconseja reservar. (facebook.com/claudio1972gennaio)

NO.RO

RESTAURANTE €€€

15 PLANO P. 116, G1

La ubicación es buena, en la Rampe di Sant'Antonio; la elegancia también está presente, desde el estilo minimalista hasta la cocina contemporánea, fruto de una investigación constante. Así que conviene no distraerse con la belleza del golfo y del Vesubio y prestar también atención a los platos, bonitos y bien pensados; como el *maritozzo* con gamba roja cruda, burrata, tomates de Sorrento y salsa de albahaca, o el *tortello* casero relleno de bogavante y provola, guiso de tomatitos de Piennolo y aceite de albahaca. Los más curiosos pueden optar por el menú degustación, que se llama "Mi fido di te" ("Confío en ti"). (nororestaurant.com)

Palazzo Petrucci

RESTAURANTE €€€

16 PLANO P. 116, G2

Quien sueñe con comer en el golfo de Nápoles, con los pies casi en la arena, escuchando el chapoteo del agua y con el perfil del Palazzo Donn'Anna como decorado puede hacerlo en este restaurante con estrella Michelin, nacido del encuentro entre un contable apasionado por la cocina y un chef enamorado de Nápoles. El menú Signature es refinado, al igual que el restaurante. Nápoles está presente, pero también hay experimentación. (palazzopetrucci.it)

Dónde beber

Bar del Mare

COCTELERÍA

17 PLANO P. 116, F5

En la playa de acceso libre de Riva Fiorita (véase recuadro en p. 119), se puede tomar un aperitivo al atardecer junto a Villa Volpicelli, en un entorno de colores vivos. Uno se sienta frente al mar, entre velas encendidas, con un cóctel en la mano, el horizonte para disfrutar en solitario y la arena acariciando la piel. (instagram.com/bardelmare_posillipo)

Il Malandrino

COCTELERÍA

18 PLANO P. 116, G2

Quien desee disfrutar de un aperitivo en una de las terrazas más bonitas de la zona puede dirigirse a este *lounge bar* en el último piso del Palazzo Petrucci. Hay que dejarse sorprender por los cócteles del mes y las vistas. (palazzopetrucci.it/il-malandrino)

Ocio

Estadio Diego Armando Maradona
ESTADIO

19 PLANO P. 116, D1

El Nápoles es una religión y cada partido un ritual de devoción, más aún desde la reciente conquista del Scudetto. Asistir a un partirdo es una experiencia que vale la pena vivir para comprender verdaderamente el alma de esta ciudad. Desde la muerte del Pibe de Oro, en el 2020, el antiguo estadio San Paolo se llama Diego Armando Maradona. Un homenaje del Nápoles a su ídolo futbolístico. (sscnapoli.it/storia-dello-stadio)

Mostra d'Oltremar
RECINTO FERIAL

20 PLANO P. 116, D2

El recinto ferial de Nápoles, en la zona de Fuorigrotta (antiguamente conectada por cuevas a Mergellina), alberga también un teatro con capacidad para 800 personas y una zona de ocio que incluye una piscina olímpica, canchas de tenis, un parque de atracciones para niños y una bolera. (mostradoltremare.it)

Exbase – Parco San Laise
ZONA RECREATIVA

21 PLANO P. 116, A2

La que fue la mayor base de la OTAN en Italia, emplazada al oeste de Nápoles, es hoy un centro cultural y recreativo con cine, teatro, eventos y gastronomía, además de espacios y actividades para niños. La remodelación ha hecho olvidar la antigua vocación militar de la zona, pero sin distorsionar los espacios, que se convierten así en grandes contenedores culturales y están influidos por nuevas ideas y un interesante dinamismo que abraza a todo Bagnoli. El cambio es posible. En verano se pasa del cine al aire libre a los festivales, pasando por varias fiestas. (exbase-parcosanlaise.com)

Palapartenope
TEATRO

22 PLANO P. 116, C2

Es el recinto privado más grande de Campania, con miles de asientos y un nutrido programa de conciertos y eventos muy populares. (palapartenope.it)

De compras

Antica Latteria D'Angelo
ALIMENTACIÓN

23 PLANO P. 116, H1

Abierta desde 1943, esta quesería se conserva de forma envidiable. A día de hoy, sigue deleitando a los clientes con las *provolette* de búfala de Campania, los bocados de mozzarella, la ricota al horno y el *treccione*. Pero también se ofrecen conservas, embutidos y *capresini de fiordilatte* rellenos de tomatitos de Sorrento y albahaca. Calidad a la enésima potencia. (antica-latteria-dangelo.business.site)

Estadio Diego Armando Maradona.

Anna Matuozzo

CAMISAS

24 PLANO P. 116, H1

En su camisería, famosa desde la década de 1970, Anna Matuozzo crea artesanalmente camisas bien acabadas y adaptadas al cliente, que necesitan alrededor de un mes para hacerse realidad. Se parte del boceto y la elección del tejido, se sigue con el prototipo y las pruebas y se acaba con el bordado de las iniciales y la colocación de botones de nácar australiano. Así se obtiene la camisa perfecta. Para obtener un servicio a medida hay que reservar. (annamatuozzo.com)

Bonino

ARTÍCULOS DE PIEL

25 PLANO P. 116, C3

En la década de 1940, en una pequeña tienda de Chiaia, primero la abuela Rosa y luego Gaetano Bonino, ambos de manos privilegiadas, ya se desvivían por complacer a los clientes de la alta nobleza napolitana, que pedían productos de piel hechos a mano y personalizados. Detrás de ello, hay una maestría que no tiene precio. Hoy, en la tienda de Vincenzo, heredero de esta familia de artesanos de la piel y el cuero, se pueden comprar accesorios, cinturones, complementos y bolsos acabados con calidad y gusto, los mismos que el tiempo no ha alterado. (bonino.it)

Explorar

Vomero

En Nápoles, cuanto más se sube, más hermosas son las vistas, más cuidadas las casas y mejor conservados los barrios. Esto también se aplica a Vomero, donde se instalaron los aristócratas ya en el s. XVII en busca de zonas ventiladas y saludables para escapar de la peste. La zona comenzó a poblarse y edificarse, conservando espacios verdes. Hoy es un agradable barrio residencial, accesible en metro y funicular, con Piazza Vanvitelli como centro, bonitas tiendas, numerosos locales para animar el fin de semana y dos perlas: el Castel Sant'Elmo y la Certosa di San Martino.

Lo esencial

- **Castel Sant'Elmo (p. 130)** *Fortaleza con forma de estrella desde la que se ve todo el golfo.*
- **Certosa y Museo di San Martino (p. 134)** *Una antigua iglesia, patios y claustros y un museo sobre la historia y el arte de Nápoles.*
- **Museo Duca di Martina y Villa Floridiana (p. 137)** *Un elegante museo con piezas raras y una villa rodeada de un parque muy querido por los napolitanos.*
- **Pedamentina a San Martino (p. 139)** *Si no hay escaleras, no es Nápoles. Esta es una de las más antiguas y características.*

Cómo llegar y desplazarse

Montesanto, paradas Morghen y Corso Vittorio Emanuele; Centrale, paradas Corso Vittorio Emanuele y Piazza Fuga; Chiaia, parada Cimarosa; M Vanvitelli, Quattro Giornate, Medaglie d'Oro, Salvator Rosa; 128, 132, 139, 147, 181, C16, C31, C44.

Plano de la zona en p. 132.

Certosa di San Martino (p. 134).

Las mejores experiencias

Disfrutar de las vistas en el Castel Sant'Elmo

De espaldas al mar y mirando a la colina del Vomero, siempre se ve el Castel Sant'Elmo. Después de siglos en los que protegió la ciudad de invasores y rebeldes, pasó de mano en mano (de los angevinos a los aragoneses y los Borbones) y se adaptó a vivir a la sombra de la Certosa di San Martino y a albergar una prisión, ahora asume protagonismo. Lo merece y, además, es fotogénico.

PLANO P. 132, F4

beniculturali.it/luogo/castel-sant-elmo-e-museo-del-novecento-a-napoli

M Vanvitelli; Montesanto, estación Morghen; Chiaia, estación Cimarosa; Centrale, estación Piazza Fuga

La estrella de seis puntas de Nápoles

El Castel Sant'Elmo se presenta como una estrella de toba amarilla, con seis puntas extendidas hacia el exterior. Encargado por el virrey Pedro de Toledo para defender Nápoles, se erigió como fuerte entre 1537 y 1547 sobre un palacio medieval anterior, gracias al ingeniero valenciano Pedro Luis Escrivá. Tras su portada con el monumento a Carlos V, un noble tomaba decisiones y coordinaba a soldados y sirvientes. Así fue hasta que, como ocurría a menudo, los incendios y los disturbios dañaron la estructura. Entre los ss. XVII y XIX el edificio sirvió de prisión, por la que pasó en 1604 Tommaso Campanella, acusado de herejía, y que vivió otro momento de gloria en 1799, cuando fue ocupada por los republicanos, que proclamaron aquí la República napolitana. Renovado en 1976, hoy se encuentra en muy buen estado.

Las vistas y el museo

Hay que subir a la cima, a la plaza de armas con la Torre del Castellano. La subida es exigente, pero el esfuerzo vale la pena, porque, gracias a la forma de la fortaleza y a sus 250 m sobre el nivel del mar, se disfruta de un **panorama** de 360°. Y conviene recorrer las pasarelas, a pesar del viento o del sol, porque es la vista más fabulosa que ofrece Nápoles. Además del centro histórico, el paseo marítimo y Posillipo, se puede divisar, quizá mirando hacia el oeste con una brújula, Nisida, las islas de Procida e Ischia, los Campi Flegrei. Es fácil pasar el día deambulando por la zona, pero no hay que dejar de visitar el **Museo del Novecento** (9.30-17.00 mi-lu, última entrada a las 16.00), con vistas a la plaza de armas y que alberga obras de artistas napolitanos o que trabajaron en Nápoles desde 1910. En el fuerte también hay algunas instalaciones de arte contemporáneo que combinan perfectamente con el entorno.

★ Consejos

- Antes de subir a las gradas de Sant'Elmo, hay que asegurarse de llevar una cámara, pues hay muchas maravillas que merecen fotografiarse.
- El nombre del fuerte se debe a que en su lugar hubo en su día una iglesia dedicada a san Erasmo, cuyo nombre evolucionó a Ermo y luego a Elmo.
- El gran casco que se ve en las pasarelas no incita a la guerra; por el contrario, con su *Sant'Elmo*, Mimmo Paladino quiso representar un casco con largas antenas de paz.

Una pausa

Donna Teresa toma su nombre de Teresa Pone, que en 1913 abrió un pequeño local en Vomero que aún es excelente. Su secreto son buenos precios y cocina napolitana: pasta al horno, pasta con garbanzos, albóndigas con salsa de tomate y, de postre, *pastiera*, todo con mucho amor.

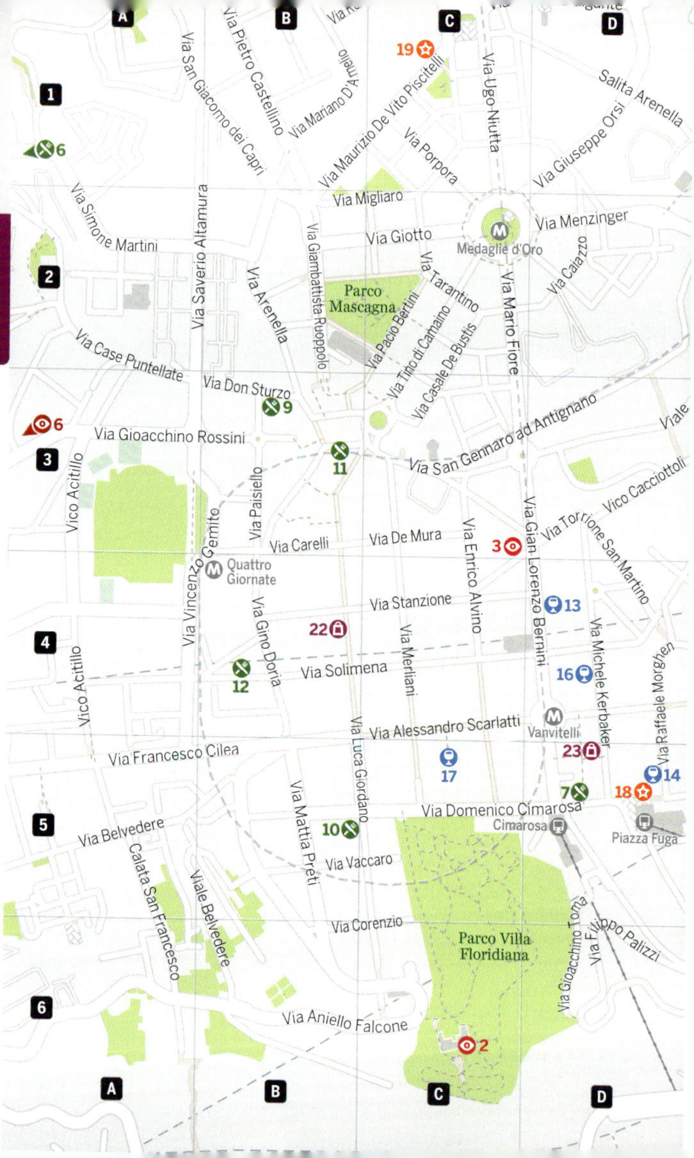
A
B
C
D
1
2
3
4
5
6
19
Via Pietro Castellino
Via San Giacomo dei Capri
Via Mariano D'Amelio
Via Maurizio De Vito Piscitelli
Via Porpora
Via Ugo Niutta
Salita Arenella
Via Giuseppe Orsi
6
Via Simone Martini
Via Saverio Altamura
Via Migliaro
Via Giotto
Via Menzinger
Medaglie d'Oro
Via Giambattista Ruoppolo
Via Arenella
Parco Mascagna
Via Tarantino
Via Caiazzo
Via Mario Fiore
Via Pacio Bertini
Via Tino di Camaino
Via Casale De Bustis
Via Case Puntellate
Via Don Sturzo
9
6
Via Gioacchino Rossini
11
Via San Gennaro ad Antignano
Viale
Vico Cacciottoli
Vico Acitillo
Via Paisiello
Via Carelli
Via De Mura
Via Enrico Alvino
3
Via Gian Lorenzo Bernini
Via Torrione San Martino
Quattro Giornate
Via Vincenzo Gemito
Via Stanzione
13
22
Via Gino Doria
Via Merliani
Via Michele Kerbaker
12
Via Solimena
16
Vico Acitillo
Via Raffaele Morghen
Via Alessandro Scarlatti
Vanvitelli
Via Luca Giordano
23
Via Francesco Cilea
17
14
7
18
Via Domenico Cimarosa
Cimarosa
Piazza Fuga
Via Mattia Preti
10
Via Belvedere
Calata San Francesco
Viale Belvedere
Via Vaccaro
Via Corenzio
Parco Villa Floridiana
Via Gioacchino Toma
Via Filippo Palizzi
Via Aniello Falcone
2

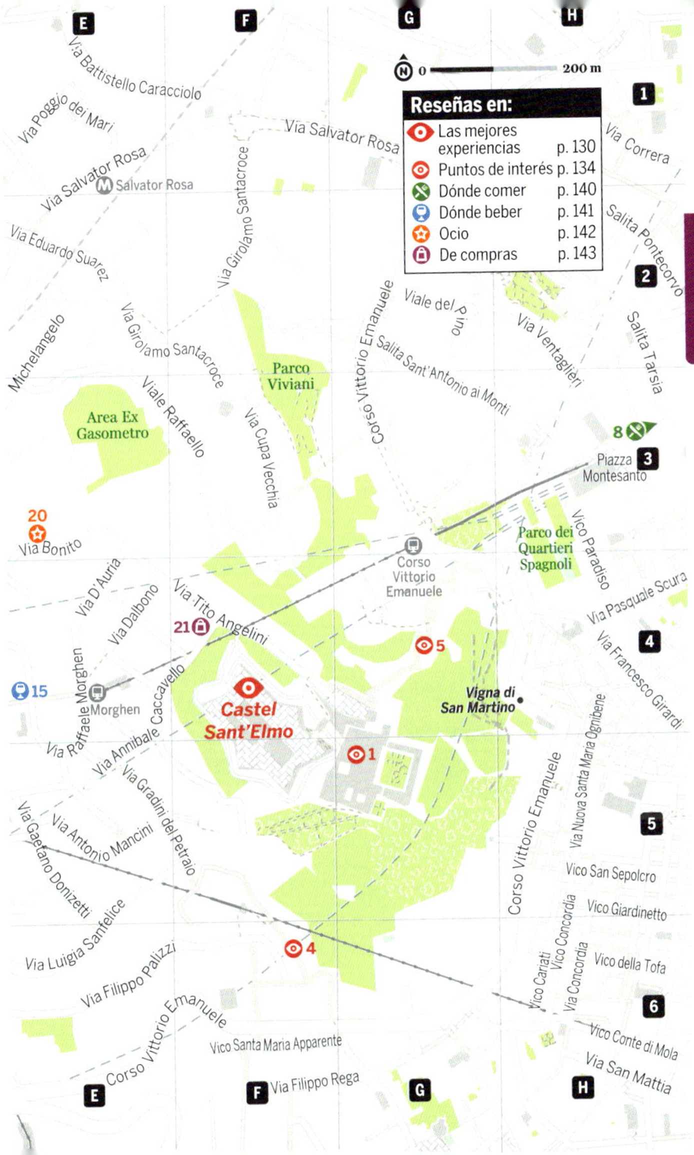
E
F
G
H
0
200 m
Reseñas en:
Las mejores experiencias p. 130
Puntos de interés p. 134
Dónde comer p. 140
Dónde beber p. 141
Ocio p. 142
De compras p. 143
1
2
3
4
5
6
Via Battistello Caracciolo
Via Poggio dei Mari
Via Salvator Rosa
Salvator Rosa
Via Salvator Rosa
Via Girolamo Santacroce
Via Eduardo Suarez
Via Correra
Salita Pontecorvo
Salita Tarsia
Viale del Pino
Via Ventaglieri
Salita Sant'Antonio ai Monti
Corso Vittorio Emanuele
Michelangelo
Via Girolamo Santacroce
Parco Viviani
Area Ex Gasometro
Viale Raffaello
Via Cupa Vecchia
8
Piazza Montesanto
Vico Paradiso
Parco dei Quartieri Spagnoli
20
Via Bonito
Corso Vittorio Emanuele
Via D'Auria
Via Dalbono
Via Tito Angelini
21
Via Pasquale Scura
Via Francesco Girardi
5
15
Via Raffaele Morghen
Morghen
Via Annibale Caccavello
Castel Sant'Elmo
Vigna di San Martino
1
Via Raffaele
Via Gradini del Petraio
Via Nuova Santa Maria Ognibene
Corso Vittorio Emanuele
Via Gaetano Donizetti
Via Antonio Mancini
Vico San Sepolcro
Vico Giardinetto
Vico Concordia
Via Concordia
Vico Cariati
Vico della Tofa
4
Via Luigia Sanfelice
Via Filippo Palizzi
Corso Vittorio Emanuele
Vico Santa Maria Apparente
Via Filippo Rega
Vico Conte di Mola
Via San Mattia

Puntos de interés

Certosa y Museo di San Martino

MONASTERIO, MUSEO

1 PLANO P. 132, G5

Carlos de Calabria, joven y prometedor hijo de Violante de Aragón y Roberto de Anjou, ordenó en 1325 la construcción de este imponente edificio en la cima de la colina de Sant'Elmo. El ambicioso proyecto, en el que trabajaron maestros como el gran embajador del gótico toscano Tino di Camaino, no se detuvo con la muerte de Carlos, cuya hija, la reina Juana I, inauguró el monasterio en 1368. Entre finales del s. XVI y principios del XVII, la cartuja experimentó una ampliación, principalmente ligada a dos nombres: Giovanni Antonio Dosio y Cosimo Fanzago (este último le dedicó 30 años), que dejaron su huella ligada al barroco napolitano, especialmente en el gran claustro monumental.

Certosa di San Martino

La **iglesia principal** (nada más entrar al patio principal, a la izquierda) es de una belleza e importancia histórica y artística extraordinarias y un notable ejemplo de *horror vacui*. La mano de Fanzago es evidente en muchos detalles, como en el delicado pavimento. Destacan también las ocho capillas laterales, la bóveda pintada al fresco en el s. XVII por Giovanni Lanfranco, con la *Ascensión de Cristo* y las *Glorias de los ángeles*, y las obras de importantes artistas como Battista Caracciolo, José de Ribera *Lo Spagnoletto*,

Lancha real de Carlos de Borbón, Museo di San Martino.

GIMAS/SHUTTERSTOCK.COM ©

Agradables viñedos urbanos

Con casi 200 Ha de viñedos urbanos, Nápoles es la segunda ciudad europea con más superficie dedicada al cultivo de la vid, aunque pocos conocen esta peculiaridad. Si se alza la mirada desde el centro histórico, desde el paseo marítimo o desde Chiaia, entre los edificios y lugares desfigurados por la sobreedificación y las construcciones ilegales, se observan estos oasis verdes en las colinas, verdadero oxígeno para la ciudad. Entre los lugares aún intactos que se aferran a las laderas de la ciudad se encuentra la **Vigna di San Martino** (plano p. 132, H4), al pie de la cartuja, que era el viñedo de los monjes. Ahora propiedad del coleccionista Giuseppe Morra, está gestionado por la organización sin ánimo de lucro **Piedi per la Terra** (facebook.com/piediperlaterra.it), que también organiza visitas guiadas a este gran viñedo de 7 Ha. Además de las viñas, alberga huertas, árboles frutales, burros y animales de corral, y ofrece una vista maravillosa.

Massimo Stanzione , Francesco Solimena y Domenico Gargiulo, conocido como Micco Spadaro. El altar mayor, de madera dorada, es de Francesco Solimena, mientras que la **sacristía,** a la izquierda del ábside, cuenta con frescos de finales del s. XVII del Caballero de Arpino y armarios con incrustaciones de artistas flamencos. Dos puertas conducen respectivamente a la capilla del **Tesoro Vecchio,** que albergaba el antiguo tesoro de la cartuja, luego perdido, y a la del **Tesoro Nuovo,** pintada al fresco en el hueco central de la bóveda de Luca Giordano con el *Triunfo de Judith;* el rey Fernando IV, a finales del s. XVIII, decidió fundir el tesoro conservado en los muebles para financiar la guerra contra los franceses. Desde la **Sala del Capitolo** (a la derecha del ábside), con frescos de Belisario Corenzio, se llega al **Coro dei Conversi,** con muebles de madera con incrustaciones y una bóveda con frescos de paisajes de Micco Spadaro. Tampoco faltan los claustros: el **Chiostro Grande,** un lugar muy sugerente con las celdas de los monjes, los pórticos de estilo dórico toscano, las estatuas de la logia y el **pequeño cementerio** (fácilmente reconocible por las calaveras de Fanzago en las balaustradas), y el **Chiostro dei Procuratori,** en mármol y piperno. Junto con las dos iglesias, los jardines colgantes, los patios, la antigua botica, el corredor de Fanzago y las capillas, los claustros eran el centro de la vida comunitaria de los monjes cartujos, que pasaban sus días rezando y realizando pequeños trabajos, entre ellos cultivar el huerto en las maravillosas terrazas.

Museo di San Martino

Los cartujos abandonaron definitivamente el monasterio en 1866, dejando espacio al **Museo di San Martino,** fundado al año siguiente para honrar la historia y el arte de la ciudad. Visitarlo no es fácil: algunas secciones solo abren en horarios determinados (reducidos respecto al horario de apertura del museo) y se necesita un día entero para verlas todas. En el subsuelo gótico se conserva la **sección de epígrafes,** donde se puede admirar el bajorrelieve alegórico titulado *La muerte y Franceschino da Brignale* (1361), un fabuloso exvoto que deja al espectador suspendido entre la inevitabilidad de la muerte y el deseo de vivir, y la estatua de san Francisco de Asís (1785-1788), obra imponente de Giuseppe Sanmartino. En la primera planta, junto al claustro de los procuradores, se puede visitar la **sección naval,** con la lancha real (1740) de Carlos de Borbón y un recorrido por la historia de la marina borbónica desde 1734 hasta 1860. En las antiguas cocinas de los monjes se encuentra la curiosa y famosa **sección de belenes,** donde destacan el belén de madera de Pietro y Giovanni Alamanno, procedente de la Cappella Pepe de San Giovanni a Carbonara (segunda mitad del s. XV), y el teatral belén de Cuciniello, donado al museo en 1879, con 180 figuras y un sistema de iluminación que alterna el día y la noche. En la misma sección resulta conmovedora la Virgen de madera del s. XIV, una figura poco habitual representada inmediatamente después del alumbramiento y acariciando su vientre, procedente del Monastero di Santa Chiara. El ala sur alberga la pinacoteca del prior y el **cuarto del prior,** es decir, los aposentos del superior de los cartujos: hay que buscar la *Virgen con el Niño y san Juan* del s. XVII, de Pietro Bernini (padre del más famoso Gian Lorenzo). En el interior del cuarto, destacan también el boceto del *Cristo velado* de Corradini, la **biblioteca,** con el **reloj solar** de Rocco Bovi (1771), y el **vestíbulo,** con pavimento dieciochesco de terracota y azulejos. También hay una sección dedicada a las **artes decorativas,** en la que sobresale la rica colección Ricciardi, con medallas, bisutería y adornos de todo tipo, y, para los amantes de la

Certosa di San Martino (p. 135).

La historia de Nápoles en imágenes

En el ala sur de la Certosa di San Martino, en la 1ª planta, la sección denominada **Immagini e Memorie della Città e del Regno** ("Imágenes y memorias de la ciudad y del reino") representa la historia de Nápoles con obras de los ss. XV-XIX. En la sala 32 está la famosa *Tabla Strozzi* (1472-1473), un óleo sobre madera concebido como respaldo de cama, atribuida al toscano Francesco Rosselli, que representa una Nápoles del s. XV enteramente dedicada al mar: con la silueta inconfundible de la cartuja al fondo, la flota aragonesa, tras derrotar a los angevinos, regresa de la batalla de Isquia en 1465. En las salas 34, 36 y 37, las obras de Micco Spadaro inmortalizan otros acontecimientos clave de Nápoles, como la erupción del Vesubio de 1631 o la peste de 1656. Completa el retrato de la ciudad, en la sala 45, la rica colección de mapas cartográficos; la del duque de Noja Giovanni Carafa, de mediados del s. XVIII, incluye 35 hojas y anotaciones histórico-artísticas.

cerámica, la colección Bonghi, con vajillas de ensueño procedentes de la Fabbrica di Capodimonte y cerámica sin esmaltar de Real Fabbrica Ferdinandea. En la segunda planta se encuentra la **sección de pintura del s. XIX,** con obras de Domenico Morelli y de la Escuela de Posillipo, conocida por sus amables paisajes, así como la **sección de teatro,** para aprender sobre el teatro culto y popular napolitano; entre los bellos recuerdos del Teatro di San Carlo (p. 84), destaca el cuadro *Interior del Teatro di San Carlo* de Michele Foschini, que representa el teatro antes del incendio de 1816, además de la colección de Antonio Niccolini, arquitecto y escenógrafo, con miles de dibujos y grabados relativos a la posterior reconstrucción de San Carlo por el propio Niccolini. También son fascinantes las reliquias y las imágenes del teatro popular napolitano, desde Polichinela hasta Petito y Viviani, así como la reconstrucción real del escenario del Teatro San Carlino, famoso escenario de las *pulcinellate,* las comedias protagonizadas por Polichinela, que lamentablemente se perdió en 1884. (beniculturali.it/luogo/certosa-e-museo-di-san-martino)

Museo Duca di Martina y Villa Floridiana

MUSEO, PARQUE

2 PLANO P. 132, C6

En 1817, buscando un regalo para su segunda esposa, la bella Lucia Migliaccio di Partanna, duquesa de Floridia, Fernando IV de Borbón se fijó en el complejo Floridiana, de 7 Ha. Encargó al arquitecto Antonio Niccolini (responsable de la reconstrucción del Teatro di San

Carlo después del incendio) que reconstruyera la villa en estilo neoclásico y reorganizara los jardines al estilo inglés, con parterres de flores, arboledas y terrazas, y tal vez incluso un laberinto, un gran aviario y animales exóticos como leones y panteras (hoy sustituidos por una colonia de simpáticos gatos atendidos por voluntarios). Pasear por este elegante parque (en obras en el momento de redactar esta guía) es un placer, entre senderos, zonas de sombra y grandes zonas verdes para relajarse. Villa Floridiana, cuya estupenda fachada sur (con una escalera panorámica de mármol de doble tramo) es lo opuesto a la sobria fachada que se ve al seguir el camino desde la entrada al parque, alberga el **Museo Duca di Martina,** con una de las mejores colecciones de artes decorativas de Italia (6000 obras), reunida por Placido de Sangro, duque de Martina. Constituido como casa-museo, el edificio se articula en tres plantas: el sótano, donde se ubica la sección **oriental,** con 2000 obras de fabricación china y japonesa, donde se puede admirar el raro jarrón Mei-ping con forma de fénix (finales del s. XIV); la planta baja, con **mayólicas** renacentistas y barrocas de Castelli y cristales de Murano, esmaltes y marfiles; y el primer piso, donde se encuentran **porcelanas** europeas de las fábricas de Meissen, Capodimonte y Sèvres; entre estas últimas, destaca la taza con forma de seno del servicio de leche de María Antonieta, para la cual se usó como molde el pecho de la propia reina tras el nacimiento de su cuarta hija. (cultura.gov.it/luogo/museo-della-ceramica-duca-di-martina-in-villa-floridiana)

Piccola Pompei — LUGAR DE CULTO

3 PLANO P. 132, C3

Este pequeño y antiquísimo lugar de culto, situado en el número 4 de Via Filippo Cifariello, se conoce como Chiesa di San Gennariello al Vomero y con ella se quiso rendir homenaje al lugar donde se detuvo la procesión que acompañó las reliquias de san Genaro desde Pozzuoli a Nápoles. Una placa, a la izquierda de la entrada, indica el punto donde se habría colocado la cabeza del santo. Confiada primero a los cistercienses y luego a los frailes menores conventuales, la iglesia contiene obras de gran importancia, como el lienzo del s. XVIII *Inmaculada Concepción entre los santos Genaro y Rafael,* de autoría desconocida, los frescos de Vincenzo Galloppi y los bajorrelieves de mármol, a los lados del altar, sobre el martirio y la gloria del santo. La placa a la derecha de la entrada, que representa la primera licuefacción de la sangre de Genaro, está coronada por un busto de mármol dedicado al santo.

Rampe del Petraio — ESCALINATA

4 PLANO P. 132, F6

Para llegar a la colina de Vomero desde Corso Vittorio Emanuele se aconseja este sugerente recorrido (cuyo nombre deriva de las

Rampe del Petraio.

piedras recogidas en los cursos de agua que discurrían hacia el mar) entre escaleras, rampas y subidas, a través de un barrio que se ha ido formando a ambos lados. Para los napolitanos, este es el paseo que lleva a la Santarella, la villa de Edoardo Scarpetta. De vez en cuando hay que descansar y asomarse a cada casa, ventana o balcón para apreciar el sabor de Nápoles.

Pedamentina a San Martino

ESCALINATA

5 PLANO P. 132, G4

Como decía Edoardo Bennato en su canción *La città obliqua* ("La ciudad oblicua"), Nápoles es "una línea que sube a una colina". Y para subir hay que ascender más de 200 escaleras, que se entrelazan entre los edificios y carreteras. Una de las imprescindibles es la Pedamentina, que comienza justo a la salida de la Certosa di San Martino y discurre entre huertos; en proceso de renovación en el momento de redactar esta guía, es una ruta perfecta para regresar a la parte baja de la ciudad. Compuesta por 414 escalones y descensos, de 650 m de largo y flanqueada por casas bajas, es una de las más antiguas de Nápoles: su construcción se inició en el s. XIV por los arquitectos Tino di Camaino y Francesco de Vito. Esencial en el pasado para llegar a la cartuja, hoy ofrece una hermosa vista de la ciudad y es una ruta peatonal histórica de gran importancia entre la colina y el mar.

Dónde comer

Foorn – Soccavo

PANADERÍA-CAFETERÍA €

6 FUERA DE PLANO P. 132, A3

En Soccavo, barrio occidental de Nápoles, se encuentra la sucursal urbana de Foorn (la sede principal está en Marigliianella, a unos 30 km), que es una panadería, cafetería y tienda de alimentación. Se puede desayunar, comprar pan rústico con masa madre, comer una excelente *pizza* en pala, quizás con salchicha y *friarelli,* o cenar alguna especialidad de la Campania. (instagram.com/foorn_soobcava)

Acunzo

PIZZERÍA €

7 PLANO P. 132, D5

Durante generaciones, los expertos pizzeros de Acunzo han manejado con maestría una masa muy ligera, el verdadero secreto de esta conocida pizzería de Vomero, que ofrece *pizzas* tradicionales o sorprendentemente innovadoras Los fines de semana suele haber cola. (facebook.com/Acunzo1964)

D'Ausilio

HAMBURGUESERÍA €

8 FUERA DE PLANO P. 132, H3

Es carnicería y hamburguesería, por lo que se puede comprar para llevar o para comer *in situ.* Sirve bocadillos generosos y deliciosos, como la hamburguesa 'A Paura, con salchicha, *friarelli,* cheddar, croquetas de patata, mayonesa y beicon caramelizado. (facebook.com/dausilioburgeriamacelleria)

Malinconico

TABERNA €

9 PLANO P. 132, B3

No hay que dejarse engañar por el nombre del local: no hay lugar para la *malinconia* ("melancolía") ante sus contundentes platos de pasta con alubias, espaguetis *alla puttanesca* (con ajo, tomate, aceitunas negras, alcaparras y orégano), pasta al horno y ñoquis *alla sorrentina.* También se aconseja probar la *'na tracchiulella* (costilla) con ragú. Además, los precios son muy populares. (instagram.com/trattoriamalinconico)

Blackwood

HAMBURGUESERÍA €

10 PLANO P. 132, B5

Este local no ofrece las hamburguesas habituales, sino que la comida callejera americana por excelencia adquiere las características de la cocina italiana, a menudo también de la napolitana. Y hay mucho más que hamburguesas. (facebook.com/blackwoodnapoli)

Troncone

PARA LLEVAR €

11 PLANO P. 132, B3

Si se desea pasear por Vomero y no pasar mucho tiempo en un restaurante, se puede optar por este establecimiento histórico que ofrece todas las delicias napolitanas y pedir un almuerzo para llevar. El mostrador está repleto de sabrosos platos preparados, como el *strudel* salado con huevos y panceta casera. (facebook.com/fllitroncone)

La terraza de los Camaldoli

Este es el punto más alto de Nápoles, a 457 m sobre el nivel del mar (y a 9 km de Piazza Vanvitelli), y ofrece una panorámica completa de la ciudad. Desde la **terraza** (Cupa Camaldoli 14) frente a la ermita, fundada en 1585 según un proyecto de Domenico Fontana y hoy habitada por monjas brigidinas, se disfruta de una fabulosa vista lateral y alargada de Nápoles.

La Frescheria

MARISQUERÍA **€€**

12 PLANO P. 132, B4

En este pequeño local abierto por cuatro amigos apasionados del mar se sirve el pescado del día: *mezzanelli alla genovese* de atún, anchoas rellenas de queso provola con crema de zanahoria, pescado crudo... Si se cierran los ojos, uno cree estar en la playa. (lafrescheria.com)

Dónde beber

Ventimetriquadri

CAFÉ DE ESPECIALIDAD

13 PLANO P. 132, D4

En Nápoles, la *tazzulella 'e cafè* ("tacita de café") es un ritual imprescindible. Aquí es 100 % arábica de calidad, cosechado a mano y recién molido. Para los amantes de los cafés de especialidad, esta es la referencia. (instagram.com/ventimetriquadrispecialtycoffe)

Fonoteca

COCTELERÍA

14 PLANO P. 132, D5

En esta mezcla entre una tienda de vinilos y una coctelería la gente se reúne, charla, bebe copas excelentes, examina los discos en venta y tal vez incluso lee. Aquí han entendido que el mestizaje es la clave del futuro. (instagram.com/fonoteca_napoli)

Archivio Storico

COCTELERÍA

15 PLANO P. 132, E4

Este es el salón de Vomero, con sus salas dedicadas a los Borbones, donde pasear por la historia, y el bar inspirado en la figura del arquitecto y diseñador francés Philippe Starck, que flota en el ambiente entre cuadros que cuelgan del techo y la exposición de botellas que son el sueño de cualquier barman. Cócteles "vanguardistas". (facebook.com/archiviostoriconapoli)

Vineria Bandita

BAR DE VINOS

16 PLANO P. 132, D4

Federica y Giuliano son el alma de este local íntimo donde solo se beben vinos naturales y se conversa agradablemente. Los vinos son de Campania y otros lugares. La carta es amplia, con tentempiés elaborados con materias primas de temporada y posiblemente locales. (instagram.com/vineriabandita)

Barrio Botanico

COCTELERÍA

17 PLANO P. 132, C5

Un rincón agradable donde hacer una pausa entre compras o visitas

Reggia di Caserta

A tan solo 25 km de Nápoles, la majestuosa Reggia (Palacio Real) de Caserta (https://reggiadicaserta.cultura.gov.it/) merece el desvío. Su construcción, proyecto a cargo de Luigi Vanvitelli, se inició en 1752 y terminó en 1845, y en ella participaron ingenieros, urbanistas, escultores y jardineros. Fruto de la ambición de un gobernante ilustrado, Carlos II de Borbón, tiene 47 000 m², con 123 Ha de parque, 1200 habitaciones, 1742 ventanas, 34 escaleras, 3 km de canales y más de 200 especies botánicas en el jardín inglés.

Tras subir dos hipnóticas escalinatas, se pasa por el **vestíbulo superior,** junto con el inferior, el eje central del edificio. Rodeado por 24 columnas, se abre hacia el este a la **capilla palatina,** de planta rectangular con ábside semicircular. Luego comienza una sucesión de magníficas estancias, como la **Sala de los alabarderos,** la **Sala de Alejandro** o las **Salas de las cuatro estaciones.** Al final del largo pórtico que atraviesa el palacio se abre un espectáculo vegetal. Tras pasar el jardín italiano se llega a la **vía de agua,** un sistema de pilas decoradas con fuentes y esculturas inspiradas en la mitología clásica. El paseo finaliza en la **gran cascada,** con la **fuente de Diana y Acteón.** En el jardín inglés, la rigurosa simetría de Vanvitelli da paso al imaginativo entrelazamiento de senderos, plantas y bosques creado por el botánico John Graefer a partir de 1786. Pero la verdadera joya es la paz, regalo de una naturaleza exuberante.

a la ciudad, ya sea para desayunar, almorzar o tomar un aperitivo con un trío de minipanecillos o *montanaras* de queso azul de búfala, acompañado de cócteles para disfrutar con calma. (facebook.com/barriobotanico)

Ocio

Iocisto

LIBRERÍA

18 PLANO P. 132, D5

Esta librería abierta por lectores, que funciona gracias al trabajo voluntario de apasionados por la cultura, los libros y el diálogo, es un espacio de socialización del barrio y la ciudad. Acoge reuniones, debates y presentaciones de libros, y a menudo se aborda el tema de los viajes. (iocistolibreria.it)

Cinema Vittoria

CINE

19 PLANO P. 132, C1

Esta sala, construida en 1939, es una de las primeras abiertas en la ciudad. Se trata de un auténtico cineclub, donde se presentan algunas de las películas más interesantes seleccionadas por los festivales, se celebran encuentros con autores y se proyectan obras de animación. (cinemavittoria.com)

Spazio Tangram

ESPACIO MULTIFUNCIONAL

20 PLANO P. 132, E3

Todas las artes (cine, fotografía, arte contemporáneo...) tienen cabida en este centro cultural que acoge exposiciones, cursos y talleres de fotografía, presentaciones de libros, talleres de escritura creativa, aperitivos temáticos, cursos de teatro o pintura y festivales de cine. (spazio-tangram.it)

De compras

Cameo Factory De Paola

CAMAFEOS Y CORALES

21 PLANO P. 132, F4

Muchos viajeros que suben a ver la Certosa di San Martino y el Castel Sant'Elmo se detienen en esta tienda para preguntar el camino. Y, de paso, aprovechan para echar un vistazo a los sofisticados camafeos y corales en los que la familia De Paola ha trabajado durante generaciones. Los hay de todos los precios, y también se puede comprar un colgante de camafeo o un broche con una vista de Nápoles. No hay mejor manera de llevarse a casa un fragmento de la belleza napolitana. (facebook.com/cameodepaola.it)

Mondadori Bookstore

LIBRERÍA

22 PLANO P. 132, B4

Por suerte, en estos tiempos no solo hay librerías que cierran o sobreviven a duras penas. También están las que crecen, centrándose en lectores asiduos y fieles y se extienden en tres plantas, con sala de lectura y espacio para eventos y exposiciones, un rincón bistró, 60 000 libros para elegir y 600 m^2 de tienda inaugurada en el 2020 en Vomero, con muebles de artesanos locales. En definitiva, un lugar para visitar durante todo el día y no solo como tienda. En esta librería la cultura no se detiene; de hecho, se expande y lo hace a lo grande. (facebook.com/mooksmondadori)

Riot

TIENDA CONCEPTUAL

23 PLANO P. 132, D5

En el corazón de Vomero, un barrio atento a las últimas tendencias e influencias extranjeras, se encuentra esta tienda conceptual de tres plantas que ocupa los locales de una antigua librería histórica. Y lo hace con espíritu roquero, dotando al espacio de un alma múltiple: *speakeasy*, zonas para charlar y tomar un cóctel (el Oilloc es excelente, con grapa aromatizada con pera, mermelada de castañas y romero) y una planta dedicada a ropa sofisticada y de moda, con especial atención a los vaqueros (de todo tipo), así como una tienda de vinilos. (facebook.com/riotconceptstore)

Explorar Sanità y Capodimonte

Una gran casa al aire libre, una amalgama perfecta de luces y sombras, entre el todo y la nada, entre arriba y abajo: a un lado, Capodimonte, con la resplandeciente residencia real; al otro, Sanità, el lugar donde se percibe más claramente la esencia de Nápoles. Un barrio en forma de corazón, como decía el escritor Ermanno Rea, donde nació Totò y donde la gente sonríe, da indicaciones aunque no se le pidan, invita a un café. Para salir adelante, los niños hacen teatro, música, boxean o pintan las paredes con artistas internacionales, y las asociaciones y el voluntariado son puntos fuertes. El valle entre Capodimonte y Materdei tiene más de 30 000 habitantes, pero también las catacumbas más bellas de Nápoles: una realidad que se refleja en la superficie, tanto que Sanità parece tener más vida bajo tierra que en la superficie. Hay que estar dispuesto a dejarse robar el corazón.

Lo esencial

- ***Catacombe di San Gaudioso (p. 146)*** *Para descubrir cómo querían ser enterrados los nobles en el pasado.*
- ***Cimitero delle Fontanelle (p. 148)*** *La casa de las almas mendicantes de Nápoles.*
- ***Museo e Real Bosco di Capodimonte (p. 152)*** *La indispensable residencia de los Borbones, una importante pinacoteca y el parque de los napolitanos.*

Cómo llegar y desplazarse

Ⓜ Materdei, Museo, Piazza Cavour; 🚌 168, 178, 182, 184, 3M, C52, C63, C67.

Plano de la zona en p. 158.

Totò de Salvatore Scuotto (p. 166). ADRIANA MALANDRINO/EDT ©

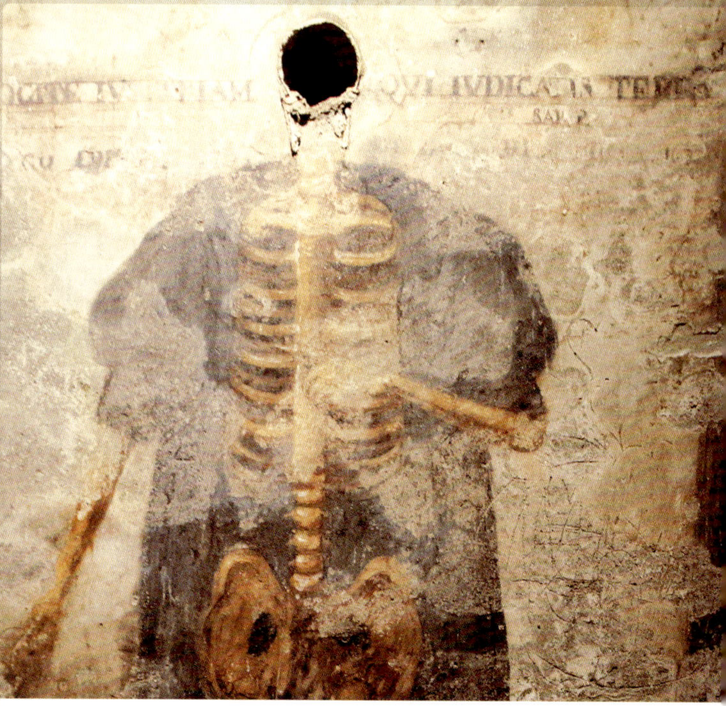

Las mejores experiencias

Deambular entre tumbas en las Catacombe di San Gaudioso

Los cuerpos se introducían en nichos de toba en forma de arco y sentados sobre cantarelle *(una suerte de secaderos), donde los* schiattamuorti *(sepultureros) los perforaban para dejar correr la sangre y otros fluidos. Luego se tapiaban, de tal forma que de la pared emergiera solo la calavera, símbolo de la muerte. Finalmente, se trataba devolverles un soplo de vida y dignidad pintando sus rasgos y peculiaridades.*

PLANO P. 158, D5

catacombedinapoli.it

M Materdei, C51

Cripta y tumbas nobles

Entrar en la **Basilica di Santa Maria della Sanità** y descender a sus catacumbas es un viaje al mundo de los muertos que no deja indiferente. Estas salas situadas bajo el presbiterio, que llevan el nombre de san Gaudioso, obispo norteafricano que murió en Nápoles hacia el año 451 y fue enterrado aquí, son un importante cementerio paleocristiano con frescos y mosaicos de los ss. V-VI, solo superado en grandeza por las catacumbas de San Genaro (p. 38). En los ss. XVI-XVII se impuso entre los nobles la moda, tal vez importada de España, de los entierros con desecación del cadáver, exposición del cráneo (destinado, sin embargo, a descomponerse, dejando solo un agujero en la pared) y frescos del esqueleto. Entre los entierros de este tipo destacan el cuerpo pintado sosteniendo pinceles y reglas de Giovanni Balducci, artista florentino del s. XVI que decoró las catacumbas de forma gratuita para que los frailes dominicos le concedieran excepcionalmente sepultura aquí; el del guardián (armado con una guadaña), el de doña Sveva Gesualdo (que pagó generosamente por su entierro), el de un magistrado con mazo y toga y el de dos esposos tomados de la mano, quizá los mismos de la leyenda del Capitán del Cimitero delle Fontanelle (p. 148). El mosaico del *Triunfo de la Cruz* (ss. V-VI), de autor desconocido (quizá de origen africano), fascina por sus tonos brillantes y las figuras de corderos; y el hermoso fresco del s. IX de la *Virgen con el Niño entre dos santos,* san Gregorio y san Marciano, se redescubrió en la década de 1990.

Basílica

Construida sobre las catacumbas a finales del s. XVI, cuenta con pinturas barrocas de Andrea Vaccaro, Luca Giordano y Giovanni Balducci en los altares, y una cripta con frescos perteneciente a la basílica paleocristiana, con suelo de mayólica y el fresco de la *Madonna della Sanità* (ss. V-VI).

★ Consejos

- Es recomendable visitar la Sanità con un guía de la **Cooperativa Sociale La Paranza** (catacombedinapoli.it).
- Hay que pedir a los guías que expliquen el misterio del lienzo perdido (o quizá oculto) de Caravaggio.
- La expresión *"Puozze sculà!"* no es un buen augurio: se refiere al antiguo procedimiento de hacer correr la sangre y los fluidos de los muertos.
- Para dormir en la Sanità, está el B&B **Casa del Monacone** (casadelmonacone.it), un antiguo convento.
- La sacristía de la basílica acoge el *Presepe Favoloso* ("belén fabuloso") de los hermanos Scuotto (véase recuadro en p. 166).

✕ Una pausa

En **Tarallificio Esposito,** en Via Sanità 129, se sirve el *'o pagnuttiell,* una *pizza*-bocadillo de embutido, chicharrones, huevos, pimienta, provola y *'nzogna* (manteca de cerdo), recién hecho.

Las mejores experiencias

Atender a las almas en el Cimitero delle Fontanelle

Revueltas populares, hambrunas, cinco erupciones del Vesubio, terremotos y epidemias, incluida la peste de 1656 que mató a 250 000 de los 400 000 napolitanos: entre los ss. XVI y XVII, ¿dónde se enterraba a los pobres, muchos sin nombre? En este cementerio espeluznante, donde se difundió el culto a las "almas mendicantes", reabierto en el 2002 con una ocupación pacífica de los habitantes de Sanità.

PLANO P. 158, A6

catacombedinapoli.it

cerrado en el momento de redactar esta guía

M Materdei, C51

'O campusanto d' 'e Funtanelle

Caminando por Via Fontanelle, una calle popular de Sanità, uno se siente observado aunque no haya nadie. Detrás de las ventanas, todo el mundo vigila lo que sucede y, si el cementerio está cerrado, alguien avisa antes de emprender la subida. Se espera que reabra a principios de 2025, tras largas obras de remodelación, incluido el entorno diseñado por Renzo Piano y jóvenes arquitectos napolitanos. En este distrito, que se ha dedicado desde la Antigüedad a albergar zonas funerarias, se lo considera un lugar especial, hasta el punto de que en el 2002, con una suerte de ocupación pacífica, los vecinos exigieron su reapertura (salvándolo así de la degradación y la delincuencia), después de que en 1969 la iglesia lo cerrara para impedir la difusión del culto a las "almas mendicantes", una práctica que consistía en elegir entre miles de cráneos anónimos uno al que cuidar y encomendarse, y que, en algunos casos, estaba adquiriendo connotaciones excesivas y supersticiosas. Al entrar en el cementerio, procedente de tres canteras de toba, se aprecia un montón de cráneos y huesos que parecen del rodaje de una película de terror. Sin embargo, recorrer estos 3000 m^2, entre 40 000 cráneos y siete millones de restos óseos, visibles y apilados sobre los que se encuentran bajo el suelo hasta al menos 15 m de profundidad, no produce una sensación desagradable. A pesar de la sucesión de desastres y del desalentador número de muertos, los denominados *maste* ("maestros") no perdían la esperanza, sino que adoptaban las calaveras, las apilaban en perfecto equilibrio, las limpiaban y les ofrecían *scarabattole* (pequeñas vitrinas) y cojines adornados con flores, rosarios, velas, monedas y joyas. Y luego oraban, mucho y hasta el exceso, para darles *refrisco* (refrigerio) a estas almas del purgatorio y para ayudarlas a ascender al cielo. Como contrapartida pedían curarse de sus enfermedades, encontrar un marido, un trabajo o, tal vez, el número premiado en la lotería. Si la calavera se portaba bien, con-

★ Consejos

- Se puede visitar el Cimitero delle Fontanelle con los guías expertos de la **Cooperativa Sociale La Paranza** (www.catacombedinapoli.it). Para un recorrido completo y emocionante de Sanità, hay que elegir la visita Miglio Sacro.
- De camino al cementerio hay que detenerse en la **Acquaquiglia del Pozzaro,** en Via Fontanelle 106, un antiguo *vascio* (pequeña vivienda) con mil historias, y preguntar qué es el techo *'a zizza di pacchiana'* ("teta de nodriza").

Una pausa

No hay mejor nombre para la **Taverna di Totò** (facebook.com/pizzerialataverna ditoto), ya que el famoso actor nació cerca de este lugar. Hay que pedir la *pizza* Miseria e Nobiltà, con cuatro deliciosos ingredientes, o la Natalina, cubierta con escarola, aceitunas negras, anchoas y queso provola de Agerola. La *pizza* frita tampoco está mal.

cediendo un deseo o apareciéndose en sueños, la devoción continuaba, la atención aumentaba, las vitrinas (abiertas por delante, para permitir que las calaveras entraran en los sueños) se volvían más bellas; de lo contrario, era abandonada y puesta boca abajo, para dejar claro que no era una *cappuzzella* ("calavera") fiable, y se buscaba ansiosamente otra que no traicionara la confianza depositada. Por eso no cabe sentir angustia entre tantos restos humanos: porque, de alguna manera, los napolitanos los han mantenido con vida.

Son tres las salas que se ven, reorganizadas en 1872 por los monjes y las mujeres de la Sanità: a la izquierda la **nave de los sacerdotes,** donde se conservan los huesos procedentes de iglesias, al final de la cual hay una zona llamada el **Tribunal** (donde al parecer se realizaban rituales oscuros, como los juramentos de los criminales y otros ritos de iniciación); en el centro la **nave de los apestados,** con las numerosas víctimas de la peste y de otras terribles epidemias, como la de cólera; y a la derecha la de las **almas mendicantes,** donde eran llevados los muertos que no podían pagar un entierro en otro lugar, incluido el **osario,** una especie de colección de tibias y fémures con cráneos de hombres y mujeres que, según la leyenda popular, pertenecían a novios fallecidos. Luego hay una zona con desagües, donde se secaban los cuerpos de los difuntos después de haber sido traspasados por los *schiattamuorti* (sepultureros), para quienes, como decía Totò en el poema del mismo nombre, la muerte era solo "un paso del sonido al silencio". Con un ritual mecánico de drenaje de los cuerpos,

Sala del Cimitero delle Fontanelle.

MASSIMO SANTI/SHUTTERSTOCK.COM ©

Cráneo del Cimitero delle Fontanelle.

se trataba en realidad de hacer sitio a los cadáveres que aumentaban de año en año, acumulando los huesos en esta enorme fosa común, donde a lo largo de los siglos se han estratificado innumerables vidas, historias y leyendas. Los *cap 'e mort*, protagonistas de este cementerio legendario donde también se han rodado varias películas, como *Te querré siempre* (1954) de Roberto Rossellini, son el centro de una devoción con cientos de años de antigüedad, pero al verlos de cerca se aprecia que muchos obsequios que decoran las vitrinas son recientes, lo que indica que el culto aún se practica hoy.

Entre los cráneos más conocidos figura el de Donna Concetta, muy apreciado por las mujeres que buscan marido; se conoce como el "cráneo sudoroso", porque no está cubierto de polvo como los demás, sino que, a decir de los fieles, brilla por el sudor de las almas del purgatorio que luchan por llegar al cielo (en realidad se debe a la condensación). Otras calaveras famosas son las de Pasquale, que destaca por revelar números de lotería en sueños, y la del cartero llamado *capa rossa* ("cabeza roja") por el color de su cabello. La historia del cráneo del Capitán del ojo morado, muy querido, tiene al menos tres versiones: una atribuye la cuenca ciega a un palo clavado en el ojo por un hombre celoso; la segunda cuenta la misma historia, pero con el capitán vengándose asistiendo a la boda y haciendo que la pareja muriera de miedo; y la tercera habla de un muchacho que se burla de la calavera mientras trata de seducir a una chica en el cementerio y que sufre la terrible venganza el día de su boda.

Las mejores experiencias

Moverse entre arte y naturaleza en el Museo e Real Bosco di Capodimonte

En los antiguos apartamentos reales, en un vasto bosque que los napolitanos consideran su parque favorito, se halla un excelente museo que celebra el pasado con una pinacoteca, una muestra de artes decorativas y un gabinete de dibujos, pero que también mira al futuro con instalaciones modernas, exposiciones contemporáneas y proyectos educativos de recalificación arquitectónica.

PLANO P. 158, D2

capodimonte.cultura.gov.it

3M, 168, 178, 604, C63

Historia

Carlos de Borbón, convertido en rey en 1734, quería para él y su corte una residencia representativa que dominara toda la ciudad, quizá sobre una colina panorámica y verde, pero también un lugar que pudiera albergar las colecciones de arte heredadas de su familia. Así, cuatro años después, confió el proyecto a Giovanni Medrano, quien, como suele ocurrir con las obras titánicas, no vio el final de la obra, que llegó 100 años después de la mano de los arquitectos Tommaso Giordano y Antonio Niccolini.

Colecciones

Al entrar en el gran edificio central, con una llamativa fachada roja de 200 m de anchura, se aprecia la belleza de los interiores y se comienza la visita desde el entresuelo, donde se pueden recorrer los **apartamentos privados del siglo XIX** (cerrados en el momento de redactar esta guía), los aposentos particulares de los Borbones (y luego de los Saboya), con siete habitaciones decoradas con unas 200 obras —como la del holandés Antonio Pitloo de la Escuela Posillipo— en las que reina una atmósfera íntima. Al mirar por las ventanas se entiende por qué el rey Carlos quería su residencia en este lugar. En la entreplanta también se encuentra el **Gabinete de dibujos y grabados** (que se puede visitar con reserva para fines de investigación), con dibujos de grandes artistas como Lanfranco, Parmigianino y la colección de grabados de Carlo Firmian (unos 20 000). La 1ª planta alberga la famosa **Colección Farnesio** (salas 2 a 29), con obras de maestros del Renacimiento procedentes de los palacios ducales de Parma y Piacenza o encargadas por Alejandro Farnesio o Pablo III. Hay que buscar la *Dánae* de Tiziano (sala 2), los preciosos *cartones* de *Farnesio* de Miguel Ángel y Rafael (sala 4), la *Crucifixión* de Masaccio (sala 5), la *Virgen y el Niño con dos ángeles*

★ Consejos

- El museo tiene varias entradas: **Porta di Mezzo,** acceso original al bosque dentro del complejo, que conduce a la ruta del s. XVIII; **Porta Grande** en Via di Capodimonte y **Porta Piccola** en Via Miano, para quienes proceden del centro; **Porta Miano,** en Via Miano, para quienes llegan a Capodimonte desde las afueras.
- Capodimonte, un museo con 49 000 obras de arte, 126 salas en tres niveles y 15 000 m² de espacio expositivo, será objeto de obras de restauración y transición digital y ecológica hasta el 2025. Su web muestra un calendario con las zonas abiertas al público.

Una pausa

El **Panificio Coppola,** en Via Vergini, es famoso por la *parigina*, una especialidad horneada: una base de *pizza* con tomate, provola y jamón cocido, cubierta con hojaldre. Basta probarla para entender su fama.

de Botticelli (sala 5), y luego, en la sala 8, *La Transfiguración* de Bellini, *El misántropo* y *La parábola de los ciegos*, obras del s. XVI de Pieter Bruegel el Viejo. En la sala 12 se encuentran los retratos de Parmigianino, los lienzos de Correggio y el precioso Cofre Farnesio, de plata dorada y repujada, enriquecido con lapislázuli, esmalte y cristales de roca tallados, encargado en 1548 por el cardenal Alejandro Farnesio. En las salas 13 y 14 sorprende la **Galería de cosas raras;** en la sala 21, el poder expresivo de las esculturas de Vincenzo Gemito, mientras que en la sala 23, el dormitorio de Francisco I y María Isabel de Borbón (1829) anticipan el **apartamento real** (salas 31 a 42), con ambientes suntuosos, incluido el salón de baile. Las salas 44 a 60 (cerradas por reforma en el momento de redactar esta guía) se convertirán en el **Gabinete de las Porcelanas,** donde se exhibirán todas las piezas de la colección, más de 6000, con el Salón de Porcelana (sala 52) de la Reina María Amalia de Sajonia en el centro, cuyas paredes adornadas con 3000 piezas de estilo chino, con flores, monos y frutas, son una joya de la Real Fábrica de Porcelana. Su producción se puede apreciar bien en la **Galería de las porcelanas** (salas 35-36), con el maravilloso Servicio de la Oca, en el que la pobre oca es estrangulada por un angelote. En la **armería** (salas 46-50), entre las miles de piezas de los ss. XVII-XIX, destaca la armadura decorada de Alejandro Farnesio. Entre las salas 38 y 40 también se encuentra la **colección De Ciccio:** 1300 piezas entre esmaltes medievales, bordados, pastores sicilianos, objetos arqueológicos y refinadas mayólicas y porcelanas. En la 2ª planta, en la sala 62, se pueden ver los tapices de la **colección d'Ava-**

Giardino Torre, Real Bosco di Capodimonte.

Il Real Bosco di Capodimonte

Las 134 Ha de parque (con 36 km de avenidas y paseos y 17 edificios con usos diferentes) que rodean la residencia real de los Borbones fueron diseñadas en 1742 por Ferdinando Sanfelice para satisfacer el gusto por la caza del rey Carlos. Tras pasar la **Fontana del Belvedere** y continuar por las cinco avenidas del jardín barroco tardío, se llega a un bosque de robles, castaños y pinos. El parque alberga, entre varios edificios, la que fue la famosa Real Fábrica de Porcelana, fundada en 1743 por el rey Carlos y su esposa Amalia de Sajonia. En el **Giardino Torre** cuenta con un alcanforero centenario y una torre con el **horno** en el que, en 1889, el pizzero Raffaele Esposito preparó la primera *pizza* para la reina Margarita. Hoy hay un **centro de producción agrícola** donde descubrir cultivos antiguos y la primera 'estufa' construida para la recuperación de las piñas; el conjunto se completa con un local de **infusiones,** un **bistró** y una **pizzería** (deliziereali.it). También hay una zona para niños y otra para perros, una zona de pícnic, campos de fútbol sala, *rugby* y críquet, un jardín anglochino y otro barroco.

los: siete tapices, de fabricación flamenca, que narran la batalla de Pavía en 1525, realizados a partir de dibujos de Bernard van Orley. Gran parte de la planta está ocupada por la **Galería de las artes de Nápoles de los siglos XIII al XVIII** (salas 63-106), con obras recuperadas de iglesias y monasterios suprimidos en el s. XIX, especialmente de artistas napolitanos y del sur de Italia, entre ellos Simone Martini con el retablo de *San Ludovico de Tolosa* (1317) en la sala 66, Colantonio, Pinturicchio y Vasari. Destaca, sobre todo, en la sección **Más allá de Caravaggio,** la *Flagelación de Cristo* de Caravaggio (1606-1608) en la sala 77, en cuya creación Merisi trabajó mucho, incluyendo cambios de perspectiva y reflexiones. En la sala 93 brilla *Judit decapitando a Holofernes* de Artemisia Gentileschi, pintada durante el juicio por violación que la pintora inició contra uno de los colaboradores de su padre. Las salas 88 a 103 muestran pinturas barrocas napolitanas y los imprescindibles retablos de Luca Giordano. En la 3ª planta, lo que eran los áticos del edificio albergan la **Galería del siglo XIX,** con obras de Domenico Morelli, Vincenzo Migliaro o Michele Cammarano, entre otros. La sección de **fotografía** cuenta con 52 instantáneas de Mimmo Jodice que documentan el trabajo de numerosos artistas en Nápoles entre 1968 y 1988, mientras que en la **colección de arte contemporáneo** destacan la *Gran grieta negra* de Alberto Burri, el *Vesubio* de Andy Warhol y obras icónicas de Jannis Kounellis. Joseph Kosuth, Michelangelo Pistoletto, Louise Bourgeois, Luca Pignatelli, John Armleder y Umberto Manzo.

Circuito a pie

Los murales de Sanità

En el barrio de Sanità, los murales son una manera de hacerse oír y de contar historias, personajes, sueños y dramas. Paredes enteras quedan en manos de artistas callejeros, en el marco de proyectos concebidos, entre otros, por la Fondazione di Comunità San Gennaro, y son muchos los artistas internacionales que llegan, incluso desde muy lejos, para hacer que los edificios hablen. Los vecinos los han adoptado y desde las viviendas les ofrecen café mientras pintan.

Datos

Inicio Vico Buongiorno

Final Via Fontanelle 76

Distancia Aprox. 1,8 km; 2 h

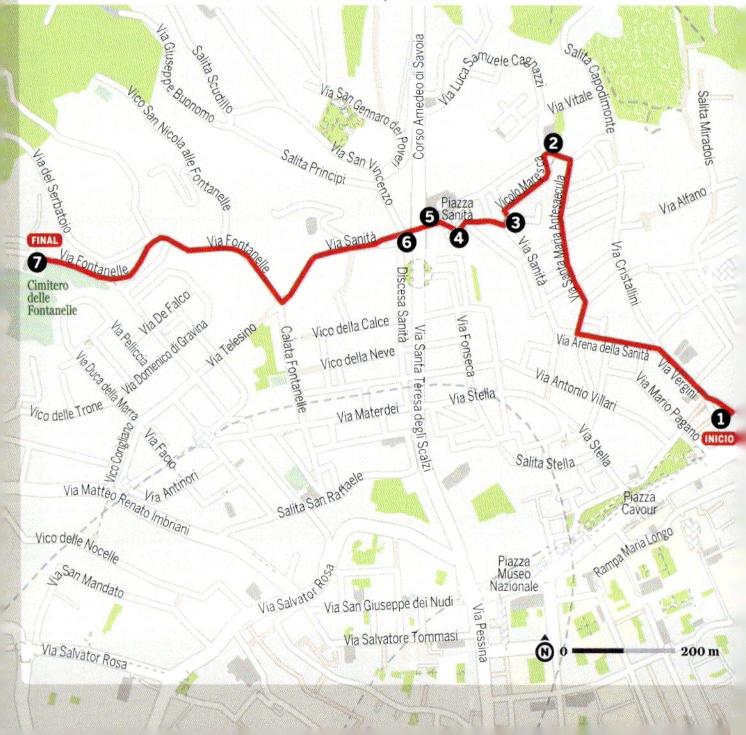

❶ Rostros de mujer

En Borgo dei Vergini, corazón del distrito, en un callejón históricamente de mala fama, pero renovado hace unos años, destacan dos bellos **rostros de mujer** (Vico Buongiorno) del mexicano Addi Fernandez Facte. Uno de ellos, de una fuerza delicada, está a punto de ser acariciado por una mano de hombre.

❷ 'Perseverancia'

Siguiendo al norte unos 10 min, al lado de la entrada de la Basilica di San Severo, hay un enorme tótem pintado, titulado **'Perseverancia'** (Piazzetta San Severo en Capodimonte): es obra del chileno Matu y su ayudante de Sanità, Sasà, homenaje a los jóvenes que mejoran el barrio a través del arte.

❸ Totò y Peppino

Bajando por Vicolo Maresca y girando a la izquierda surgen **Totò y Peppino** (Vico Arena della Sanità 136), de *La banda degli onesti,* representados en una gran pared de Sanità. Son creaciones del español Tono Cruz y nos invitan a permanecer unidos ante las dificultades, tal como se hace en el barrio.

❹ Luz

Tomando Via Sanità hasta Piazza della Sanità se ve el "rayo de luz" de 18 m de diámetro sobre las sonrisas de Asia, Domenico, Flavio, Roberta, Ilaria y Syria, seis niños de Sanità que Tono Cruz retrató junto con sus dibujos.

❺ 'Resis-ti-amo'

Un poco más adelante, en el muro lateral de la Basilica di Santa Maria della Sanità (p. 147), hay dos figuras, una masculina y otra femenina, que se refuerzan mutuamente. Son dos niños del barrio que el argentino Francisco Bosoletti quiso representar en la pared. *Omnia vincit amor.*

❻ 'Tienime, ca te tengo'

El título en sí, elegido por los habitantes del barrio, es una obra maestra ("Sujétame, yo te sujeto"). Y explica bien el significado de esta obra del artista urbano Jerico Cabrera Carandang, que destaca en la columna del ascensor del puente de Sanità, también en Via Sanità: un abrazo grande y elocuente.

❼ Iglesia variopinta

Via Sanità se convierte en Via Fontanelle y conduce al cementerio (p. 148); en el nº 76, se ve el muro de la **Chiesa di Maria Santissima del Carmine,** que desde el 2006 está decorado con ilustraciones alegres de Mono González, Tono Cruz y Sebastián González, junto con niños y padres de Sanità.

Una pausa

El tentempié para llevar hecho en Nápoles, que se compra por unidades, son los *taralli* del **Antico Tarallificio Lello Poppella,** en Via Crocelle a Porta San Gennaro, una deliciosa parada en Sanità. Clásicos, para consumir de un bocado y dejarse conquistar por el aroma.

A
B
C
D
E
F
1
2
3
4
0
200 m
Reseñas en:
Las mejores experiencias p. 146
Puntos de interés p. 160
Dónde comer p. 165
Dónde beber p. 168
Ocio p. 168
De compras p. 168
Viale Privato dei Pini
Viale Colli Aminei
Aeropuerto internacional de Nápoles
Tangenziale di Napoli
Via Ponti Rossi
Galleria Capodimonte
Via Miano
Museo e Real Bosco di Capodimonte
Giardini Principessa Jolanda
Via Capodimonte
Via Sergio de Simone
Salita Moiariello
Parco dell'Osservatorio Astronomico di Capodimonte
Via Morisani
Salita Capodimonte
19
Via Vitale
Via Vincenzo Irolli
Via Luca Samuele Cagnazzi
Amedeo di Savoia
1
Vico San Gennaro dei Poveri
Salita Scudillo
Via Giuseppe Buonomo
Parco del Poggio
Via Santa

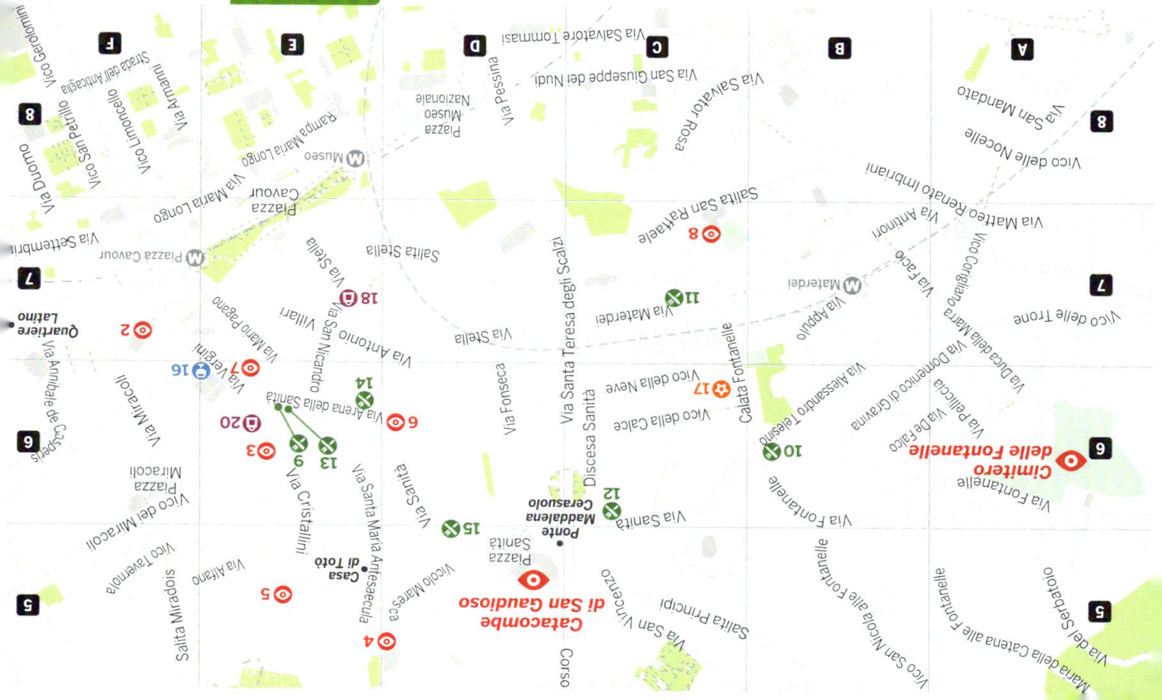
A
B
C
D
E
F
5
6
7
8
Catacombe di San Gaudioso
Cimitero delle Fontanelle
Piazza Sanità
Ponte Maddalena Cerasuolo
Casa di Totò
Quartiere Latino
Piazza Cavour
Piazza Museo Nazionale
Piazza Miracoli
Museo
Materdei
Via Duomo
Vico San Petrillo
Vico Limoncello
Via Armanni
Strada dell'Anticaglia
Vico Gerolomini
Via Settembrini
Via Maria Longo
Rampa Maria Longo
Via Pessina
Via San Giuseppe dei Nudi
Via Salvatore Tommasi
Via Salvator Rosa
Via San Mandato
Vico delle Nocelle
Via Matteo Renato Imbriani
Via Antinori
Via Facio
Vico Corigliano
Vico delle Trone
Via Duca della Marra
Via Domenico di Gravina
Via Pelliccia
Via De Falco
Via Fontanelle
Vico San Nicola alle Fontanelle
Maria della Catena alle Fontanelle
Via del Serbatoio
Via Alessandro Telesino
Via Appio
Calata Fontanelle
Vico della Calce
Vico della Neve
Via Materdei
Salita San Raffaele
Salita Stella
Via Stella
Via Santa Teresa degli Scalzi
Discesa Sanità
Via Sanità
Via Fonseca
Via Antonio Villari
Via San Nicandro
Via Mario Pagano
Via Vergini
Via Arena della Sanità
Via Santa Maria Antesaecula
Via Cristallini
Vicolo Maresca
Via Miracoli
Vico dei Miracoli
Via Annibale de Gasperis
Vico Tavernola
Via Alfano
Salita Miradois
Salita Principi
Via San Vincenzo
Corso
1
2
3
4
5
6
7
8
9
10
11
12
13
14
15
16
17
18
20

Puntos de interés

Catacombe di San Gennaro

CATACUMBAS

1 PLANO P. 158, C3

En Via Capodimonte, a la izquierda de la Basilica della Madre del Buon Consiglio, se encuentra la taquilla de acceso a las Catacombe di San Gennaro, las más antiguas de Nápoles, pues datan del s. II (quizá fueron la tumba de una poderosa familia romana). De las más grandes de Italia, son un verdadero laberinto subterráneo de dos plantas, formado por túneles que se extienden sobre 5800 m^2, con frescos del s. II y mosaicos del s. V. El nombre deriva de los restos del santo, que llegaron en el s. V para convertirse en lugar de destino de continuas peregrinaciones y posteriormente ser trasladados (hoy se hallan en el Duomo, p. 44). También albergan la representación más antigua de Genaro, entre una niña y una mujer, en un fresco del s. V. La peculiaridad del lugar es que cuenta con diferentes tipos de tumbas: los *arcosoli* para los más ricos, los *locula* para la clase media y las *formae* (o *terragne*) para los pobres. Hay que fijarse en el **vestíbulo del nivel superior,** decorado a principios del s. III en perfecto estilo pompeyano, con las que se consideran las primeras pinturas cristianas del sur de Italia; búsquese el gato que juega con un ovillo de lana. También son imprescindibles los frescos del *Cristo Pantocrátor* (omnipotente) y de la *Familia Teotecno,* con padre, madre e hijo; destaca la riqueza de las vestiduras y las indicaciones

Catacombe di San Gennaro.

ADRIANA MALANDRINO/EDT ©

El belén fabuloso

Desde diciembre del 2021, en la sacristía de la Basilica di Santa Maria della Sanità (p. 147), bajo la cual se pueden visitar las Catacombe di San Gaudioso (entrada conjunta), se puede admirar el sorprendente **Belén fabuloso** (catacombedinapoli.it/it /luoghi/basilica-di-santa-maria-sanita-napoli), obra monumental donada por el histórico taller La Scarabattola (p. 60) de los hermanos Scuotto y realizada en colaboración con el restaurador y creador de belenes Biagio Roscigno. Símbolo por excelencia de Nápoles, este belén es dinámico, a la vez cortesano y popular, habla de pasado y futuro, de sacralidad y superstición. Fue un trabajo de equipo: los hermanos Scuotto crearon los pastores, 105 en total, las mujeres de la familia diseñaron y cosieron la ropa de los distintos personajes y Biagio Roscino diseñó y creó la ambientación. Se puede visitar a través de la Cooperativa Sociale La Paranza (p. 147), cuyos guías seducen con sus historias. Se apreciará el puente de Sanità (véase recuadro en p. 162) y personajes como *'o monaco rattuso* ("el monje triste"), a medio camino entre lo sagrado y lo profano, el *femminiello*, encargado de extraer los números de la lotería y considerado una figura divina porque contiene la esencia masculina y femenina, y también Polichinela, Totò y Eduardo, Maradona dando toques a una naranja, un niño que podría ser Ciro de la canción *Tamurriata Nera*, los *guappi* ("rufianes") que se enfrentan en la *zumpata* (duelo ritual con cuchillos) y muchas otras historias escondidas en los pliegues de esta obra maestra contemporánea. Hay que dedicarle tiempo.

de los nombres y la edad en el momento de la muerte. Además, son apreciables los mosaicos de la **cripta de los obispos,** donde destaca la del obispo de Cartago *San Quodvultdeus* que parece observar al espectador con sus ojos vivos y brillantes. Desde este punto se ve la tumba de san Genaro en el **nivel inferior,** el más antiguo (s. II), decorado con símbolos paganos y que alberga la **Basilica di Sant'Agrippino,** dedicada al primer cristiano enterrado en las catacumbas y, en el ambulacro más pequeño, un monumento priápico de origen incierto. Desde las catacumbas se accede directamente a la Basilica di San Gennaro Extra Moenia, que data de los ss. V-VI. (catacombedinapoli.it)

Jago Museum

MUSEO

2 PLANO P. 158, F7

Atrás quedaron los días en los que los taxistas preguntaban: "¿Está seguro de querer ir a Sanità?". Celebrado por la reciente película *Nostalgia*, dirigida por Mario

Martone, Sanità —cuyo aspecto ha cambiado a lo largo de los años gracias a numerosas iniciativas, entre ellas las promovidas por el padre Antonio Loffredo, expárroco del barrio— es hoy uno de los barrios más *cool* de Nápoles. En cada visita se descubre algo nuevo. Como este museo en constante evolución (vinculado a algunos proyectos dedicados a los jóvenes del barrio, como suele ocurrir aquí), nacido en el 2023 en la Chiesa di Sant'Aspreno ai Crociferi (cerrada desde hace más de 40 años), que hoy alberga permanentemente las obras de Jacopo Cardillo, alias Jago, en las que trabajó durante años el escultor de Frosinone. La relación del artista con Sanità es visceral y de inmediato se percibe su habilidad: un ejemplo de extraordinaria intensidad es la *Piedad* (2021) en mármol de Danby. *Áyax y Casandra* (2022), en mármol de Carrara, simbolizan la valentía de una mujer, mientras que *Venus* (2018) ensalza la belleza sin importar la edad —hay que buscar entre sus arrugas, pues Jago dice haber escondido en ellas un mensaje— y *Aparato circulatorio* (2017), o 30 fotogramas de un corazón latiendo, representados por otros tantos corazones de terracota vidriada. También son espectaculares las obras talladas en el interior de grandes piedras recogidas en el lecho del río Serra y la escultura de *Narciso* (2023) empeñado en mirarse en el espejo. Y quien quiera saber cómo es Jago, puede ver *Self* (2019), su autorretrato, la única obra que se puede tocar en el museo. Hay que dejarse guiar por los jóvenes de la recién creada cooperativa La Sorte; ellos son el valor añadido. (catacombedinapo-li.it/it/luoghi/santaspreno-ai-crociferi-jago-museum)

El puente de Sanità

El **puente** (plano p. 158, D5) que pasa sobre el barrio está dedicado a la pilluela Maddalena Cerasuolo, conocida como Lenuccia, que en 1943 luchó para impedir que los alemanes lo volaran. Las mujeres de Sanità tienen algo especial.

Ipogeo dei Cristallini

HIPOGEO

3 PLANO P. 158, E6

A Sanità se le ha añadido otro lugar precioso, pues, si se excava, siempre se encuentra algo. Pero hacen falta personas tenaces como Alessandra Calise Martuscelli, que hizo todo lo posible para hacer accesible el tesoro escondido bajo el Palazzo Di Donato en Via dei Cristallini 133, una propiedad familiar. El tesoro se remonta a hace 2300 años; este hipogeo, en la zona de Vergini-Sanità, usada por los antiguos griegos como necrópolis, es un ejemplo muy raro de pintura y arquitectura de la época helenística. Todo empezó con el barón Giovanni Di

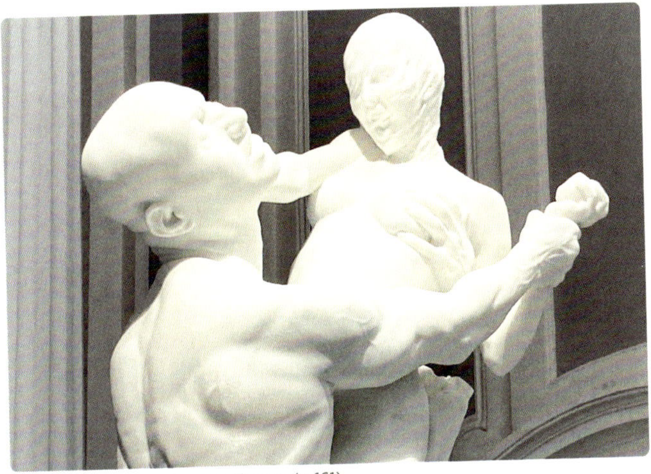

Escultura *Áyax y Casandra*, Jago Museum (p. 161).

Donato que, a finales del s. XIX, decidió buscar agua o toba en el subsuelo de su noble palacio y, en lugar de eso, descubrió cuatro tumbas excavadas en la roca, que datan de finales del s. IV y principios del s. III a.C. con más de 700 piezas pertenecientes al ajuar funerario. En el 2022, la familia Martuscelli, heredera del palacio, abrió a las visitas este lugar maravilloso, pero la recuperación aún está en marcha. Tras bajar unas escaleras estrechas, uno se sumerge en otro mundo, que el tiempo y los habitantes de Sanità han protegido a lo largo de los siglos. En cada uno de los hipogeos se pueden admirar sarcófagos-cama excavados en la toba en forma de *klinai*, con colchones y cojines dobles, en algunos de los cuales todavía se pueden ver decoraciones en amarillo, azul y rojo. La tumba mejor conservada es el Hipogeo C, con decoraciones y bajorrelieves de considerable importancia para los estudiosos; en el luneto de la pared del fondo, una Medusa, en parte pintada y en parte en relieve, hipnotiza al visitante. En la pared de la entrada hay una escena que se ha convertido en el emblema del hipogeo, la de Dioniso y Ariadna mirándose enamorados, representada en una pátera. Hay que moverse con precaución, pues todo es muy delicado. (ipogeodeicristallini.org)

Basilica di San Severo

LUGAR DE CULTO

4 PLANO P. 158, D5

Siguiendo con los recorridos subterráneos y los enterramientos, estas catacumbas (cerradas en el momento de redactar esta guía) que datan del s. v bajo la Basilica di San Severo fuori le Mura (donde la madre de Cimarosa hacía la limpieza y se dice que el compositor aprendió a tocar), cuentan con tres *arcosoli* (tumbas); la de la izquierda conserva el fresco que representa al santo. Hay que asomarse a la barroca **Cappella dei Bianchi** para admirar los lienzos de Giordano, Fracanzano y Vaccaro, y la escultura contemporánea *El hijo velado* del artista Jago, donde los restos de un niño cubierto por un paño (evidente alusión al *Cristo velado*, de Giuseppe Sanmartino, p. 29) simbolizan el sacrificio de los inocentes. (catacombedinapoli.it/it/luoghi/catacombe-di-san-severo-napoli)

Ipogeo dei Cristallini (p. 162)

ADRIANA MALANDRINO/EDT ©

Chiesa di Santa Maria Maddalena ai Cristallini MUSEO

5 PLANO P. 158, E5

Conocida como la "iglesia azul", esta iglesia de la calle del mismo nombre reabrió en el 2023 tras 40 años de abandono (había sido ocupada, durante las obras de restauración se encontró incluso una cocinilla). Hoy está decorada con obras de Tono Cruz, Mono González y Giuliana Conte y coloreada con 20 tonos de azul por los niños del barrio. Llaman la atención los grandes retratos de los habitantes del barrio, desde Gennaro hasta Pasquale, pasando por la señora Rosa que vive enfrente. El altar, creado por los reclusos de la prisión de Secondigliano, es la proa de un barco utilizado por inmigrantes.

Palazzo Sanfelice PALACIO

6 PLANO P. 158, D6

Situado en Via Sanità, se trata del palacio más famoso del barrio. El arquitecto Ferdinando Sanfelice lo construyó entre 1724 y 1728 para él y su familia, dotándolo de una peculiaridad: una **escalera con alas de halcón** que ofrece una perspectiva de todo el edificio. Al verla se entiende por qué Sanfelice se ganó el irónico sobrenombre de *"Ferdinando lievt' 'a sotto"* ("quítate de debajo"): debido a un efecto óptico, muchas de sus construcciones parecen a punto de caer sobre el observador. La fachada aparece, entre otras, en la película *Con derecho a fantasma*

(1967) de Eduardo De Filippo. Si se puede, hay que subir las escaleras para admirar el mural *El viento pesa tanto como las cadenas*, que Zilda pintó en el 2015.

Palazzo dello Spagnuolo

PALACIO

7 PLANO P. 158, E6

El otro palacio famoso de Sanità se halla en Via Vergini. Data de 1738, está decorado en estilo rococó y fue encargado por el marqués de Poppano Nicola Moscati. En él se alojaron el rey Carlos de Borbón y el príncipe Humberto de Saboya. Es característico el color verde de algunos detalles de la escalera. Este edificio también ha sido cortejado por el cine y ha aparecido en varias películas, entre ellas *Passione* (2010) de John Turturro. Biagio Roscino, creador de belenes y autor del *Presepe Favoloso* ("belén fabuloso", véase recuadro en p. 161), tiene su taller en este edificio; con un poco de suerte quizá permita una visita.

Museo di Napoli – Collezione Bonelli

MUSEO

8 PLANO P. 158, C7

Este museo original nacido de la pasión por el coleccionismo de un particular reúne alrededor de 10 000 objetos que cuentan la historia de Nápoles. Hay muchas piezas curiosas, como cartones de bingo pintados a mano o matrices de madera para naipes napolitanos del s. XIX. (facebook.com/collezionebonelli)

ADRIANA MALANDRINO/EDT ©

Chiesa dei Cristallini.

Dónde comer

Poppella

PASTELERÍA €

9 PLANO P. 158, E6

La nueva frontera de la pastelería napolitana moderna, que explora nuevos territorios sin olvidar sus orígenes, pasa por Poppella y sus imitados *fiocchi di neve* ("copos de nieve"): pequeños brioches rellenos de nata fresca, crema de leche, ricota y, al parecer, un ingrediente secreto que nunca revelarán. No hay que hacer preguntas, solo probarlos; es imposible comer solo uno. El pastelero Ciro Poppella se mueve con confianza entre sus creaciones, que no se limitan a los copos de nieve: cada mirada lleva a una nueva tentación. (pasticceriapoppella.com)

Cantina del Gallo
PIZZERÍA €

10 PLANO P. 158, B6

En este restaurante histórico del barrio la especialidad son los *pizzicotti, panzerotti* rellenos y horneados. Pero la *pizza* es ligera y deliciosa, y vale la pena probar los primeros y segundos platos tradicionales. (facebook.com/cantina delgallo)

Starita a Materdei
PIZZERÍA €

11 PLANO P. 158, C7

La pizzería, cuya historia comenzó en el año 1901, está incluida en el *top ten* napolitano, y la *pizza* es como debe ser, sencilla y sabrosa. Entre las *pizzas* imprescindibles, la Marinara Starita, con agradable sabor a ajo, pecorino y tomatitos, y la Corna di Maradona, un pedazo de cielo en forma de herradura, frita, con ricota, chicharrones y pimienta. Y, para terminar, hay que pedir los *angioletti friti* ("angelitos fritos"), irresistibles trozos de masa de *pizza* frita, espolvorea-dos con azúcar y aderezados con crema de chocolate o de pistacho. (pizzeriestarita.it)

La casa de Totò

El príncipe Antonio de Curtis, conocido como Totò, nació en 1898 en un modesto **edificio** (plano p. 158, E5) en el 109 de Via Santa María Antesaecula. Hoy solo hay una placa, pero siempre hubo una conexión entre Totò y Sanità: el actor se inspiraba para sus personajes en los habitantes del barrio, a quienes ayudaba siempre que podía deslizando dinero bajo las puertas de sus casas. A su muerte, Sanità le dedicó un funeral simbólico con un ataúd vacío. Cerca, en Salita Capodimonte, se encuentra su busto en bronce, obra de los hermanos Scuotto (véase recuadro en p. 161).

Antonio Sannino
PASTELERÍA €

12 PLANO P. 158, C6

Dos nombres de dulces para todos: los Principi, dedicados a Totò, con rellenos varios o al natural, y los Abbracciame, de dos sabores. Dan ganas de sentarse frente al mostrador y comer todo lo expuesto en la vitrina, pero hay que mantener la compostura. (instagram.com/antoniosannino pasticceria)

Isabella De Cham
PIZZA FRITA €

13 PLANO P. 158, E6

La reina de la *pizza* frita en Sanità es Isabella. Una mujer fuerte y con carácter, pero con un toque femenino en la presentación de las *pizzas*, en la decoración del restaurante y en la *pizza* que parece una nube: frita, pero que no parece frita. En definitiva, la mejor. Resulta interesante la Donna Isabella, con rúcula, provola, *caciocavallo*, ralladura de limón, pimienta y albahaca. También hay opciones

Nuovo Teatro Sanità

Dirigidos por profesionales, un grupo de jóvenes menores de 30 años residentes en el barrio ha elegido el **teatro** (facebook.com/nuovoteatrosanita) para contar su historia y la del mundo. Contra el desempleo juvenil, el abandono escolar, la degradación y los peligros para quienes se ven atrapados en las calles, está el teatro. La sede, que se encontraba en una iglesia del s. XVIII en Via San Vincenzo, ahora está cerrada por decisión de las instituciones debido a la falta de espacio. Pero la compañía sigue actuando en otros lugares de la ciudad. Queda la esperanza de que se le conceda un nuevo hogar en Sanità. Porque cuando un teatro cierra todos salen perdiendo.

vegetarianas. (facebook.com/isabelladechampizzafritta)

Concettina ai Tre Santi

PIZZERÍA €

14 PLANO P. 158, E6

Para algunos napolitanos su *pizza* es la mejor de la ciudad. Ciro Oliva nació con las manos en la masa, en el seno de una familia con varias generaciones de pizzeros. Hay que empezar pidiendo la Montanarina de Ciro, con ricota de búfala de molde, tocino y ralladura de limón, o la tortilla de pasta con salsa genovesa. Luego conviene probar el Sott'ngopp, *pizza* frita con condimentos en la base del plato: tomate, parmesano, pimienta, aceite y albahaca, todo sublime. Además, en honor a la antigua costumbre local de las *pizzas a ogge a otto* (la como hoy y la pago en ocho días), aquí existe la *pizza* aplazada: quienes no pueden permitírsela comen *pizza* pagada por otra persona. (pizzeriaoliva.it)

La Locanda del Monacone

RESTAURANTE **€€**

15 PLANO P. 158, D5

Entre las últimas novedades gastronómicas de Sanità, este establecimiento, donde antiguamente había una bodega que vendía vino, se ha ganado el cariño del barrio y el aprecio de quienes entran para darse un capricho con auténticos sabores napolitanos. Para empezar, anchoas rellenas y berenjena a la parmesana de la abuela, luego *ziti* a la genovesa, albóndigas con salsa de carne y bacalao frito con escarola. De postre se aconseja la *pastiera* de la casa, preparada por la madre de uno de los propietarios. Y mientras se hace la digestión, hay que fijarse en el muro de mayólica del fondo con la figura de san Vicente Ferrer venerado por dos monjes, descubierto por casualidad durante la reforma del local y que da nombre al restaurante. (facebook.com/LocandaDelMonaconeRioneSanita)

Dónde beber

Antica Cantina Sepe

COCTELERÍA

16 PLANO P. 158, E6

Vino a granel o embotellado, no importa. Se trata del placer de disfrutarlo en buena compañía, quizá durante el Aperi-Sepe, un animado y popular evento que se celebra los jueves. El ambiente es relajado y distendido. El local es también un punto de referencia para los numerosos artistas que lo frecuentan o actúan en él. (instagram.com/antica.cantinasepe)

Cineclub Teatro Materdei.

Ocio

Cineclub Teatro Materdei

CINE

17 PLANO P. 158, C6

Este pequeño cine con encanto retro fue cine de barrio de segundo y tercer reestreno. Cerrado desde 1993, ha reabierto con todo el mobiliario original y se ha convertido en una referencia para los amantes del celuloide. Programa cortometrajes, películas independientes e históricas, así como el *apericinema*, con películas de culto de las décadas de 1990 y 2000. Una joya. (instagram.com/cineclubteatromaterdei)

De compras

Omega

GUANTES

18 PLANO P. 158, E7

De Sanità para el mundo entero: este taller artesanal de guantes de la familia Squillace trabaja para las grandes marcas de moda. Sin embargo, se puede adquirir un par de guantes por entre 30 y 100 €. Fabricados en piel y hechos a mano en 25 fases diferentes, parecen acariciar las manos. Merece la pena visitar el taller para admirar el proceso de elaboración de estos refinados accesorios. (instagram.com/omega_gloves)

Michele Iodice

TALLER DE ARTISTA

19 PLANO P. 158, E3

Las creaciones del artista Michele Iodice llaman la atención. Y su her-

ROBERTO SALOMONE ©

Alberto Squillace, de Omega.

moso taller en Salita Capodimonte 132, creado en una cantera de toba que se convirtió en establo, luego en matadero y finalmente en casa de arte, conquista la imaginación. Entrar en él (reservas en mic.iodice@gmail.com) es como viajar a un mundo de fantasía. (micheleiodice.org)

Vincenzo Oste

JOYAS

20 PLANO P. 158, E6

Al crecer en una familia de artistas, se aprende algo muy pronto. Un conocimiento creativo ancestral se palpa en este local de Via Cristallini 138 (visita con cita previa llamando al 349 443 34 22), donde Vincenzo Oste y su hermana, hijos del escultor Annibale, juegan con volúmenes, decoraciones, piedras y materiales, creando brillantes joyas (y otras piezas) a las que es difícil resistirse. Dan ganas de coleccionarlas. (facebook.com/VincenzoOsteGioielli)

Quartiere Latino

Conviene estar atento a este proyecto que está creando un **museo del condominio** (plano p. 158, F7; quartierelatinomuseo.it) en Via Cirillo 18, con obras creadas específicamente para el condominio. Los artistas reflexionan sobre la dimensión urbana, sobre la vida y sobre la comunidad. Visitas con reserva.

Merece la pena

Pompeya

Ni los foros romanos, ni las pirámides de Egipto, ni las ruinas mesoamericanas ni los templos asiáticos: ninguna experiencia relacionada con lo antiguo se acerca, en términos de carácter e implicación emocional, a lo que Pompeya ofrece a sus visitantes. Ningún otro sitio sumerge con tanta fuerza en la historia y permite captar la fuerza incontrolable de la naturaleza que incendió el cielo del golfo de Nápoles, convirtiendo el día en noche.

pompeiisites.org

A3 Nápoles-Salerno

Nápoles-Sorrento

Excavaciones y visita

Pompeya es una ciudad con una doble vida. La primera comenzó aproximadamente en el s. VII a.C. y terminó en el año 79. La segunda comenzó en 1748, cuando se iniciaron las excavaciones, y continúa hasta hoy, con millones de visitantes cada año. Hay que armarse con una cantimplora (el sitio está lleno de fuentes) y prepararse para un festín visual. Pompeya está dividida en nueve barrios, las **Regiones** (REG), y bloques, las **Insulae** (INS), indicados con números romanos progresivos, que forman las "direcciones" de los restos de la ciudad antigua, bien señalizada (por ejemplo, la Casa del Fauno es REG VI INS XI).

Regio I

Su límite norte es **Via dell'Abbondanza,** la arteria principal de Pompeya, sede de tiendas y locales. Como era la calle que conducía al foro, estaba concurrida a todas horas. Había muchas *thermopolia,* pequeñas tabernas que servían comida caliente (pocas casas modestas tenían hogar y comer fuera costaba muy poco) y que se reconocen por los bancos de mármol con agujeros circulares. En las paredes de muchos edificios se ven inscripciones pintadas de rojo: a veces son *rogationes,* que invitan a votar a uno u otro candidato en las elecciones, otras veces son textos y letreros de las *cauponae,* las posadas pompeyanas. En la Regio I merece la pena visitar la **Casa del Criptoportico** (INS 5), cerrada en el momento de redactar esta guía, con su famoso corredor columnado y valiosos mosaicos, y el **Orto dei Fuggiaschi** (INS 16), donde se pueden ver los moldes de 13 personas —una familia entera— que, intentando escapar de las cenizas, murieron arrolladas por la furia piroclástica. La **Conceria** (INS 23), la mayor planta de elaboración de cuero encontrada en la antigua ciudad, ha reabierto tras una importante restauración y se ven 15 grandes depósitos cilíndricos para el curtido de pieles. La **Casa**

★ Consejos

- En la época romana había ocho puertas de acceso a Pompeya. Hoy hay tres entradas con taquillas: las de Porta Marina y Piazza Esedra dan acceso a las Regiones VII y VIII; la entrada de Piazza Anfiteatro, a la Regio II.
- Se puede descargar el **plano** digital en la web.
- La **entrada única** es válida durante tres días. Además de Pompeya, da acceso a las zonas arqueológicas de Boscoreale, Oplontis y Stabia. Todos los sitios están conectados por el Pompeii Artebus. Información en la web.
- En el 2023, en la Regio IX, en una zona en obras, se descubrió una panadería penitenciaria, con piedras de molino, donde vivían esclavos y burros.

✕ Una pausa

Se puede disfrutar de un festín de dulces en **De Vivo** (lapasticceriadevivo.it), una famosa pastelería.

dei Quattro Stili (INS 19) también se puede visitar los miércoles.

Regiones II, V y VI

Si se entra por Piazza Anfiteatro, a la izquierda de Regio II se reconoce la **palestra grande** (INS 6), un gran patio porticado con una piscina en el centro, que hoy acoge exposiciones temporales. Era el lugar donde entrenaban los pompeyanos, pero también donde los gladiadores forjaban sus físicos hercúleos, para luego actuar justo al lado, en el **anfiteatro** (INS 5). La Regio V se excavó solo parcialmente, pero lo que reveló es sorprendente, como la **Casa de Leda y el cisne** (INS 6), llamada así por el sensual fresco de un cubículo en el que Júpiter, transformado en cisne, fecunda a Leda, la esposa del rey de Esparta. En este barrio destaca también la **Casa de Marco Lucrecio Fronto** (INS 2), una de las más refinadas de Pompeya, que atesora frescos ricos en referencias literarias y artísticas, naturalezas muertas, vistas de villas y escenas de caza. El nombre del propietario aparece en las inscripciones electorales de las paredes. Solo se puede visitar los viernes. En el 2023, la **Casa de las bodas de plata** (INS 3), una de las más majestuosas y refinadas de la antigua Pompeya, reabrió tras una larga restauración. En la Regio VI no hay que perderse la **Casa del poeta trágico** (INS 4), que abre solo los sábados y es famosa por el mosaico que daba la bienvenida a los visitantes: un perro con la inscripción *Cave canem* debajo. Se continúa hasta la **Casa del Fauno** (INS 1), una de las más grandes y espectaculares (unos 3000 m^2), una profusión de atrios, peristilos y salas de recepción. En

Atrio de la Casa de los Vettii.

SILVIA VACCA ©

ella se encontraron importantes mosaicos como el de la batalla de Issos, entre Alejandro y el rey persa Darío, conservado en el MANN de Nápoles (p. 38). En el 2022 reabrieron la **Casa de los Dioscuros** (INS 10), suntuosa y rica en pinturas, y la **torre de Mercurio,** el sitio más alto de Pompeya, desde donde se disfruta de una vista fabulosa. En el 2023 le llegó el turno a la **Casa de los Vettii** (INS 11), que con sus estatuas y frescos es el símbolo de Pompeya, y la **Villa de Diomedes** (INS 18), entre los edificios más grandes del sitio. Los lunes se puede visitar la **Casa del Adonis herido** (INS 9), con el fresco de Adonis moribundo y Afrodita.

Regiones VII y VIII

En la Regio VII, el **foro** (INS 6a) es uno de los lugares más emblemáticos, un gran espacio rodeado de columnatas de piedra caliza que otrora fue el eje de la actividad civil, política y comercial, como confirman los escritos solemnes y propagandísticos de los frisos. En su extremo norte (mirando al Vesubio) se ven dos arcos y algunas columnas del **templo de Júpiter** (INS 8), que en aquella época estaba adornado con estatuas ecuestres. En el lado izquierdo de la plaza están los **graneros del foro** (INS 7), en fase de restauración en el momento de redactar esta guía, y, en el lado opuesto al templo de Júpiter, el **Macellum** (INS 12), el mercado donde los pompeyanos compraban alimentos. En vitrinas especiales se exponen tres moldes de yeso de víctimas de la erupción. Del **santuario de Apolo** solo quedan dos columnas y un podio con escalinata (INS 5). Los excluidos de las capas altas de la sociedad y aquellos que buscaban placer también frecuentaban el entorno del foro: el **lupanar** (INS 18), junto a las **termas suburbanas** (INS 1), es uno de los 25 burdeles de Pompeya. Volviendo por Via dell'Abbondanza, se pasa junto a la Regio VIII y el **jardín botánico** (INS 20), recuperado con plantas que se cultivaban en el s. I y con una superficie de 800 m². Via dei Teatri, la calle que desciende hacia el sur antes de Via Stabiana, conduce al **foro triangular** (INS 8), que anuncia lo que fue un barrio de gran actividad social y cultural; quedan algunas columnas del pórtico y partes del **templo dórico** (INS 9) asociado con el culto a Atenea que estaba en el centro. El recinto situado frente a las escaleras del templo parece ser la tumba de Hércules, el fundador de Pompeya. Desde el foro triangular había un continuo ir y venir hacia la **palestra sannitica,** caracterizada por la hilera de columnas dóricas que datan de la época prerromana. También aquí se encuentran el **teatro grande** (INS 10), excavado en la meseta de lava y con capacidad para hasta 5000 espectadores, y el **teatro pequeño** (INS 12), también llamado Odeion. El **Antiquarium** (INS 19) alberga una colección de hallazgos, los vaciados de los últimos cuerpos descubiertos en las excavaciones y el tesoro de amuletos de la Casa con jardín, en la Regio V.

Merece la pena

Herculano

La hermana menor de Pompeya puede resultar aún más conmovedora, con rincones de gran belleza que evocan un tormento ardiente entre sus muros. Hay que recordar su ubicación: antiguamente a la orilla del mar, hoy 20 m por debajo del nivel de la ciudad moderna, construida sobre material volcánico. Las excavaciones de este lugar son una especie de abismo, una brecha espacio-temporal que traslada a aquel otoño del año 79.

ercolano.beniculturali.it

A3 Nápoles-Salerno

Nápoles-Sorrento

La ciudad de Hércules

La antigua ciudad de Herculano se construyó a la orilla del mar y creció hacia la costa. Hasta hoy solo ha salido a la luz una cuarta parte de las 20 Ha que llegó a ocupar la localidad, en particular el segmento sur.

Excavaciones

La topografía actual de Herculano solo refleja la numeración de cardos y decumanos, calles que cruzaban la ciudad de norte a sur y de este a oeste, respectivamente. En los decumanos se sucedían las *thermopolia* (pequeñas tabernas), tiendas y comercios, pero también había muchas tiendas a lo largo de los cardos (especialmente en el Cardo V), todavía visibles hoy. Las zonas delimitadas por calles se denominan *insulae*.

Visita

Si desde la taquilla se toma la pasarela que desciende hacia la ciudad antigua, se pasa por la zona de los **Fornici,** los almacenes que dominaban la playa antes de la erupción, en cuyo interior unas 300 personas murieron a causa de los gases ardientes. Desde allí se sube a la **Terraza de Nonio Balbo** para apreciar las excavaciones. Entre los edificios más importantes de Herculano se cuentan la **Casa del esqueleto,** con sus magníficos mosaicos, la **Casa de Neptuno y Anfitrite** (no hay que perderse el ninfeo) y la del **Tabique de madera,** que da una idea de las técnicas constructivas de la época. Para tratar de imaginar la vida cotidiana en la ciudad antigua, hay que caminar por el Decumanus Maximus (con casas impresionantes) y visitar las **termas** y la zona del **foro,** mientras que, para saborear el esplendor romano, hay que buscar el **Colegio de los Agustales.** Por último, cabe destacar la **Villa de los papiros,** que en aquella época estaba a la orilla del mar y contenía miles de pergaminos, así como las famosas estatuas de los Corredores, ahora conservadas en el MANN (p. 38).

★ Consejos

- En Herculano por la mañana se puede visitar el **Mercado de Resina.** Surgido tras la II Guerra Mundial como mercado de ropa usada (que entonces se mostraba esparcida por el suelo de Via di Pugliano), se ha convertido en referencia para los diseñadores de vestuario de Cinecittà, que se abastecen de ropa para los rodajes.
- Se puede descargar el plano actualizado de las excavaciones en ercolano.beniculturali.it/oraricontatti. También hay un mapa para niños y otro de rutas accesibles para personas con discapacidad. En la web, siempre actualizada, también se pueden consultar los horarios y días de visita al Antiguo Teatro de Herculano y de las visitas nocturnas, así como itinerarios entre las obras e información sobre las zonas hoy cerradas.

Una pausa

En Corso Resina, está **Viva Lo Re,** que propone una excelente cocina napolitana de inspiración moderna.

POLI

Guía práctica

Estación de metro Toledo (p. 70). MARCO BRIVIO/DREAMSTIME.COM ©

Antes de partir

Alojamiento

- La oferta de alojamiento en Nápoles es amplia, pero en vacaciones los precios suben. Hay que reservar con mucha antelación.
- Los B&B abundan y, en general, garantizan un nivel medio, a veces medio-alto.
- Los albergues son una excelente alternativa a los hoteles y B&B: agradables, limpios y cómodos.
- La tasa turística, no incluida en el precio de la habitación, oscila entre 2 y 5 € por noche. Los menores de 14 años no la pagan.

Webs útiles

Lonely Planet (lonelyplanet.es) Para buscar alojamiento y más información.

Bed & Breakfast Italia (bbitalia.it) Portal dedicado a la oferta de B&B.

Airbnb (airbnb.it) La forma más económica de encontrar alojamiento.

Económico

Ostello Bello Napoli (ostellobello.com/it/hostel/napoli) Céntrico albergue moderno, con habitaciones privadas o compartidas.

Napoli Tree (napolitree.it) En un edificio histórico junto al paseo marítimo, esta pensión ofrece habitaciones modernas y amuebladas con gusto.

Casa del Monacone (casadelmonacone.it) Buena opción para dormir en el barrio de Sanità en un antiguo monasterio.

Precio medio

Napoli Class (napoliclass.com) Práctica ubicación en Via Toledo y habitaciones modernas con baño privado.

Palazzo Toledano (palazzotoledano.it) Moderno B&B amueblado con gusto en la 3ª planta de un edificio del s. XVII en Via Toledo.

The Dante House (houseinnaples.it/the-dante-house) En Piazza Dante, este B&B ofrece habitaciones amplias con baño privado. Muebles de diseño y desayuno excelente.

Le Quinte del Bellini Tres habitaciones alegres con vistas, baño privado y todas las comodidades para alojarse en el centro.

Precio alto

Grand Hotel Santa Lucia (santalucia.it) El mar, el Vesubio, el Castel dell'Ovo: las vistas desde las habitaciones de este hotel de cuatro estrellas son espectaculares.

Casa D'Anna (casadanna.it) Casa familiar refinada para una clientela internacional muy exigente.

Grand Hotel Vesuvio (vesuvio.it) Este estiloso hotel alberga desde 1882 a viajeros de todo el mundo en sus 160 habitaciones y 21 suites con vistas al mar.

Atelier Ines (atelierinesgallery.com) Para dormir en Sanità entre obras de arte y elegancia.

Cómo llegar

Avión

- El **aeropuerto internacional de Nápoles-Capodichino** (información ☎081 789 62 59, consigna 081 789 65 55;

aeroportodinapoli.it; Viale Fulco Ruffo di Calabria) está a unos 4 km de la estación Napoli Centrale, en el barrio de San Pietro a Patierno. Se puede consultar la lista actualizada de vuelos (nacionales e internacionales) en la web.

- El servicio de lanzadera **Alibus** (5.30-24.00, cada 15 min; 5 €; www.anm.it) conecta el aeropuerto con Napoli Centrale y el puerto.
- La parada de taxis se encuentra a la salida de la zona de llegadas. Las compañías de **radiotaxi** (Consortaxi 081 22 22, Taxi Napoli 081 88 88, Partenope 081 01 01, La 570 081 570 70 70) aseguran el trayecto a/desde el aeropuerto hasta la estación **Napoli Centrale** (tarifa fija 18 €, sin incluir el peaje de la circunvalación y el suplemento de la llamada a Radiotaxi de 1,50 €) y **Molo Beverello/puerto/Piazza Municipio** (21 €). Las tarifas indicadas deben solicitarse al inicio del trayecto y son por vehículo. Los taxis reservados con la aplicación **Digitaxi** (p. 182) tienen los mismos costes.

Autobús

La principal estación de buses de Nápoles es la **Terminal Bus** (plano p. 42, H3) en Corso Arnaldo Lucci, cerca de la estación de tren.

Barco

Nápoles tiene uno de los puertos más importantes de Europa, con conexiones regionales (a la costa y las islas del golfo de Nápoles) y a Sicilia y Cerdeña, y atraques para cruceros.

Alilauro (081 497 22 22, 081 497 22 38; alilauro.it; Molo Beverello) Hidroalas a Isquia (de abril a octubre también entre Isquia y Capri).

Caremar (081 189 666 90; shop.caremar.it; Molo Beverello o Porta di Massa) A/desde Procida, Isquia, Capri.

Grandi Navi Veloci (010 209 45 91; gnv.it) A/desde Palermo y Termini Imerese.

Moby Lines (800 80 40 20; moby.it) A/desde Palermo.

Medmar(081 333 44 11; medmargroup.it) A/desde Isquia, Procida, Casamicciola.

Siremar-Caronte & Tourist (090 57 37; carontetourist.it; Calata Porta di Massa) A/desde Milazzo y las islas Eolias.

SNAV (081 428 55 55; snav.it) A/desde Palermo, Termini Imerese, Eolias, Pontine, Isquia, Procida y Capri.

Tirrenia (800 80 40 20; tirrenia.it; Calata Porto di Massa) A/desde Palermo.

Tren

Napoli Centrale (plano p. 42, H3; Piazza Garibaldi) Es la estación más práctica para llegar al centro histórico y al puerto, con parada de tranvía, autobús y taxi. Llegan las líneas de alta velocidad de **Trenitalia** (trenitalia.com) e **Italo** (italotreno.it) y tiene conexiones frecuentes con las principales ciudades italianas: **Roma** (1 h 10 min), **Florencia** (3 h), **Turín** (6 h 5 min), **Reggio Calabria** (4 h 36 min), **Milán** (4 h 39 min). De Napoli Centrale sale también el **Pompei Link** (1 h 7 min; 4,80 € tren + autobús) para ir al famoso yacimiento. Para **Reggia di Caserta** (4 €, 55 min), hay que tomar el tren regional para Caserta; si se programa con antelación, se puede viajar en el tren de época **Reggia Express** (www.fondazionefs.it; adultos/niños 5/2,50 € por trayecto).

Stazione di Napoli Afragola (Via Arena) En la línea de alta velocidad Roma-Nápoles, da servicio a los usuarios regionales desde la parte norte de la ciudad metropolitana de Nápoles hasta la provincia de Caserta, Sannio e Irpinia.

Napoli Campi Flegrei (plano p. 116, D2; Piazzale Vincenzo Tecchio) En el barrio de Fuorigrotta, llegan las líneas de metro 2 y 6.

Napoli Mergellina (plano p. 116, H1; Corso Vittorio Emanuele) Llega la línea 2 del metro.

Napoli Garibaldi (plano p. 42, H3; Corso Arnaldo Lucci) Nodo de las líneas ferroviarias del Vesubio, las islas Flégreas y del Campania Express, gestionado por el **EAV** (Ente Autonomo Volturno; www.eavsrl.it), además de un intercambiador de metro (líneas 1 y 2), se encuentra debajo de Corso Lucci. De aquí salen conexiones a Herculano, Pompeya y Sorrento.

Cómo desplazarse

Hay que acercarse todo lo posible al centro en metro o a pie. Para desplazarse dentro de la ciudad y hacia la periferia del área metropolitana se pueden usar los servicios de ANM.

- **ANM** (800 63 95 25; www.anm.it) gestiona las líneas 1 y 6 de metro (p. 182), los cuatro funiculares (p. 181) y los tranvías, autobuses y trolebuses que forman la red de transporte público de la ciudad. Los servicios están integrados con un sistema de escaleras mecánicas intermodales, ascensores y aparcamientos de intercambio que agilizan el acceso (p. 182).

Ascensores y escaleras mecánicas

- Los cuatro **ascensores públicos** (7.00-21.30 laborables, 7.00-14.00 festivos, 24 y 31 dic) son gratuitos.

Acton De Via Acton a Piazza Plebiscito.

Chiaia Une Via Chiaia con Piazza Santa Maria degli Angeli (Monte di Dio).

Sanità Une el puente de Sanità en Via Santa Teresa degli Scalzi con el barrio homónimo (Chiesa di San Vincenzo).

Ventaglieri Junto con las escaleras mecánicas (al lado), une la parte baja del barrio de Montesanto con la alta de Via Avellino a Tarsia.

- Para llegar a la zona de **San Martino,** en la parte de arriba del barrio de Vomero, se pueden usar las escaleras mecánicas que van de la estación Vanvitelli de la línea 1 de metro a las estaciones superiores de los funiculares Centrale, Chiaia y Montesanto.

- Un sistema de diez **escaleras mecánicas** (7.00-14.42 lu-vi) a lo largo del Parco Ventaglieri une el barrio de **Montesanto** con la parte alta (zona Tarsia) en Piazza Gesù e Maria y Piazza Mazzini; por las inmediaciones pasa el funicular de Montesanto, la línea 2 de metro y las líneas Cumana y Circumflegrea.

Autobús

- Los billetes se pueden comprar en las taquillas de la ANM, en máquinas expendedoras y en puntos de venta autorizados, así como por SMS. Información en la sección Biglietti ("Billetes") de la web.

Automóvil y motocicleta

No es aconsejable recorrer el centro de Nápoles en coche. Es preferible hacerlo a pie o en metro y dejar el coche en uno de los muchos aparcamientos vigilados y cubiertos.

Aparcamientos

El precio varía en función del tamaño del coche y de si se entregan o no las llaves, y por 24 h puede superar los 40 €.

Stazione Centrale

Nuovo Ferraris (Via Brun 20; 4.30-24.00), **Garage Garibaldi** (Via Milano 104; 24 h), **Parking Vasto 1** (Via Chieti 16/24; 24 h lu-sa, 7.00-14.00 y 19.00-24.00 do y festivos) y **Garage Low Cost Rinaldi** (Via San Cosmo Fuori Porta Nolana 91; 24 h)

Toledo

Garage Napoli Centro (Via dei Fiorentini 53/54; 24 h), **Garage Panorama** (Via Stendhal 13; 24 h) y **Gran Garage Tappia** (Via Ponte di Tappia 51; 24 h)

Chiaia

Parcheggio Quick Morelli (Via Domenico Morelli 40; 24 h), **Garage Chiaia** (Riviera di Chiaia 212; 24 h), **Garage Santopaolo** (Vico Santa Maria a Cappella Vecchia 8; 24 h) y **Parking31** (Via del Parco Margherita 31; 7.00-24.00 lu-sa, 7.00-13.00 y 17.00-24.00 do)

Mergellina

Autorimessa Mergellina (Via Giordano Bruno 112; 24 h)

Vomero

Autorimessa Autovomero (Via Bernini 16; 24 h)

- En el casco antiguo y en varios barrios existe una Zona de Tráfico Limitado (ZTL), en la que, en diversos días y horarios, la circulación de vehículos a motor está limitada. Para más información, consúltese la web comune.napoli.it/ztl.
- Si no se dispone de coche, se puede hacer uso del servicio de coches compartidos **Amicar** (amicarnapoli.it; 0,30/90 € min/día), que ofrece vehículos eléctricos.

Bicicleta y patinete

Es agradable pasear en bicicleta por el paseo marítimo, amplio y llano. En el 2024 surgieron servicios de patinetes eléctricos en la ciudad: **Bird** (www.bird.co/it), **Voi** (voi.com/it) y **Bit** (bitmobility.it). Para alquilar una bicicleta eléctrica, se puede recurrir a **Lime** (li.me/it-it).

Funicular

ANM (800 63 95 25; www.anm.it) gestiona los cuatro funiculares de Nápoles, con salidas cada 10 min: el **Centrale,** que une Via Toledo con Vomero, el de **Mergellina,** que sube a Posillipo, y los funiculares de **Chiaia** y **Montesanto,** que suben a Vomero. El billete por trayecto cuesta 1,30 € y el abono diario 4,50 €. Algunas líneas también funcionan de noche; consúltese el apartado Funiculari

("Funiculares") de la web.

Metro

ANM (☎800 63 95 25; www.anm.it) gestiona la **línea 1,** que va de la estación Garibaldi a la de Piscinola (e incluye la nueva **estación Duomo** diseñada por Fuksas) y funciona desde las 6.20 a las 23.02, y la **línea 6,** que ahora consta solo de cuatro paradas pero que ya está siendo ampliada. La **línea 2,** operativa todos los días desde las 5.00 hasta las 23.03, está gestionada por **Trenitalia** (trenitalia.com).

Taxi

- Los taxis están muy extendidos en la ciudad. Se encuentran en las paradas designadas, así como en el exterior de la estación Napoli Centrale. Los vehículos que circulan por la ciudad responden a los números de Radiotaxi (p. 179); también se pueden utilizar las aplicaciones **Digitaxi** (digitaxi.it) y **Free Now** (free-now.com/it). Otra opción es pedir un taxi a través de la aplicación **Uber** (uber.com).

Información esencial

Accesibilidad

- Muchos museos son accesibles a visitantes con problemas de movilidad.
- Todas las estaciones de metro y aproximadamente el 80 % de los vehículos de superficie que componen el sistema integrado de transporte ANM son accesibles para viajeros con discapacidad.
- *Viaggiare senza barriere* ("Viajar sin barreras") es una guía en italiano de Lonely Planet que se puede descargar gratuitamente desde la web shop.lonelyplanetitalia.it/prodotti/accessible-travel y que sirve de ayuda para organizar viajes y estancias.

Asistencia sanitaria

Conviene llevar siempre la tarjeta sanitaria, pues es imprescindible para recibir asistencia médica.

Urgencias

Ospedale AORN Santobono-Pausilipon (☎081 220 51 11; santobonopausilipon.it; Via Posillipo 226 y Via Fiore 6)

Ospedale Cardarelli (☎081 747 29 44; ospedalecardarelli.it; Via Cardarelli 6)

Ospedale dei Pellegrini (☎081 254 33 49;

Campania Artecard

Esta **tarjeta** (campaniartecard.it/tutti-i-pass) tiene varias opciones. Se recomienda la **Napoli Artecard,** que cuesta 27 € y permite visitar los museos y recintos culturales de Nápoles con entrada gratuita a tres sitios a elegir y con descuentos a partir del cuarto, además de viajar libremente en la red de transporte del **Consorzio Unicocampania** (unicocampania.it) para llegar a los puntos de interés incluidos en la Campania Artecard; tiene una duración de tres días y debe sellarse al entrar en cada sitio.

aslnapoli1centro.it; Via Portamedina alla Pignasecca 41)

Ospedale del Mare (081 254 11 11; aslnapoli1centro.it/ospedale-del-mare; Via Russo)

Ospedale Fatebenefratelli (081 598 11 62; ospedalebuonconsiglio.it; Via Manzoni 220)

Ospedale Santa Maria di Loreto Nuovo (081 254 21 11; aslnapoli1centro.it; Vico San Giovanni 19)

Comunidad LGTBIQ+

- **Arcigay Napoli** (arcigaynapoli.org)

Descuentos

- La entrada a museos, monumentos, galerías y zonas arqueológicas estatales es gratuita para todos los ciudadanos de la UE menores de 18 años y para determinados colectivos. Los días en los que la entrada es de pago, cuesta 2 € para los ciudadanos de la UE de entre 18 y 25 años. Los ciudadanos de fuera de la UE disfrutan de las mismas condiciones "bajo condición de reciprocidad".

GUÍA DE PRECIOS - COMIDAS

Las siguientes categorías de precios se refieren al coste de una comida completa (primer plato, segundo plato y postre).

€ Económico menos de 20 €
€€ Precio medio 21-40 €
€€€ Precio alto más de 40 €

- Los museos y sitios del Ministerio de Patrimonio Cultural están abiertos de forma gratuita el primer domingo de cada mes de octubre a marzo.
- Esta guía indica las tarifas de entrada con el precio ordinario y el reducido. Para la tarjeta Campania Artecard, véase recuadro en p. 182.

Electricidad

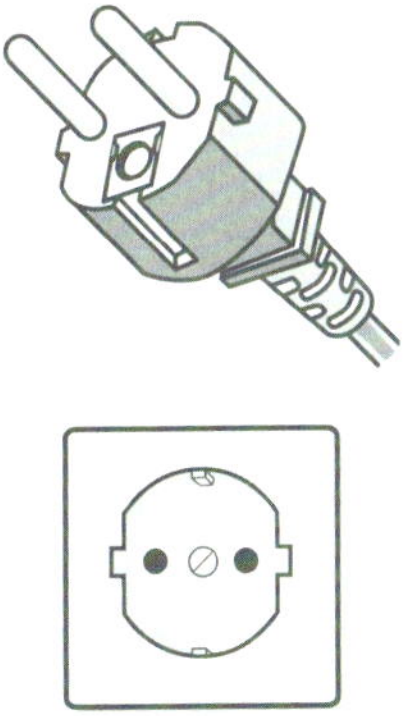

Tipo F
230 V/50 Hz

Emergencias

Carabinieri (112)

Emergencias sanitarias (118)

Guardia médica (081 761 34 66; Via Garibaldi 198; nocturno 20.00-8.00 todos los días, diurno 10.00-20.00 víspera de festivos, 8.00-20.00 festivos)

Policía (113; Comisaría 081 794 11 11)

Horario comercial

- Salvo que se especifique lo contrario, los horarios de apertura indicados en la guía son válidos para todos los días de la semana.
- Las taquillas de los museos suelen cerrar entre 45 y 60 min antes de la hora de cierre indicada.

Información turística

Infopoint Campania Artecard (plano p. 42, A5; WhatsApp 342 677 93

19; info@campaniartecard.it; Piazza del Gesù Nuovo 7; ⏲10.00-17.00 lu y mi-sa, 10.00-14.00 do)

Infopoint Stazione Ferroviaria (plano p. 42, H3; ☎081 26 87 79; ⏲9.00-17.00 lu-sa)

Infoturismonapoli (☎800 13 40 34; infoturismonapoli.it; Via San Giuseppe de Nudi 82; ⏲8.30-20.00)

Tarjetas de crédito

En caso de pérdida o robo, se debe contactar lo antes posible con el proveedor de la tarjeta: **Amex** (☎06 72 282), **MasterCard** (☎800 87 08 66) y **Visa** (☎800 81 90 14).

Viajar seguro

- Hay que tener mucho cuidado para no ser víctima de los carteristas.
- No se debe comprar a vendedores ambulantes ilegales, pues sus productos podrían ser falsificados.
- Es recomendable dejar el coche en los aparcamientos vigilados.

Entre bastidores

Actualización y sugerencias

Si el lector encuentra cambios en los lugares descritos u otros recién inaugurados, le agradeceremos que escriba a Lonely Planet en www.lonelyplanet.com/contact/guide book_feedback/new para mejorar la próxima edición. Todos los mensajes se leen, se estudian y se verifican. Quienes escriban verán su nombre reflejado en el capítulo de agradecimientos de la siguiente edición. Determinados fragmentos de la correspondencia de los lectores podrían aparecer en nuevas ediciones de las guías Lonely Planet, en la web de Lonely Planet, así como en la información personalizada. Se ruega a todo aquel que no desee ver publicadas sus cartas ni que figure su nombre que lo haga constar.

Agradecimientos de Adriana

Gracias a toda la familia Malandrino, porque siempre estáis ahí. A Federico, a los tíos y a los primos, en especial a Corrado Irlando. Gracias a Antonio Iaccarino, Vincenzo Porzio, Roberto Fedele, Giuseppe Ariano, Piergiorgio Gambardella, Alessandro Tartaglione, Alessandra Rullo, Alessandra Calise Martuscelli, Laura Gargiulo, Francesca Liotti, Antonella Cucciniello, Candida Carrino, Silvana Scannicchio, Antonio Lucidi, Stefano Gei y a todos los napolitanos que no escatimaron su ayuda. Y gracias también a Silvia Castelli, que creyó en mí desde el principio, a Laura Agerli, ángel de la guarda de esta obra, y a toda la redacción de EDT. Papá, esto es para ti.

Fotografía de cubierta: mural del rostro de San Genaro de Jorit, Marygrace_97/Shutterstock.com ©; fotografía de contracubierta: Piazza del Plebiscito, David Soanes Photography/Getty Images ©.

Índice

Véanse también los subíndices:

- Actividades p. 189
- Dónde comer p. 189
- Dónde beber p. 190
- Ocio p. 191
- De compras p. 191

Puntos de interés 000
Planos **000**

Puntos de interés 000
Planos **000**

Actividades

Dónde comer

Dónde beber

Ocio

De compras

La autora

Adriana Malandrino

Nacida en Las Marcas, pero de sangre napolitana, le gustaría vivir en un país cálido rodeada de animales, chocolate, alcachofas en aceite y lecturas ligeras. Para ella, el viaje siempre es un desafío y un retorno. Le encanta la jardinería, recoger espárragos trigueros y ordenar el desorden para volver a desordenarlo. Desde los seis años soñaba con ser etóloga, bailarina, guardabosques y directora de cine, pero tras licenciarse en Artes Escénicas en Bolonia y cursar un máster en Gestión del Espectáculo en la SDA Bocconi de Milán, acabó organizando festivales y conciertos y escribe sobre comida, teatro y viajes en periódicos nacionales. Intenta devolver el alma a los lugares y las personas, incluso cuando solo los conoce por haber leído sobre ellos.

Colaborador

Luigi Farrauto Autor de los capítulos de Merece la pena, Pompeya y Herculano, actualizados por Adriana Malandrino para esta edición.

geoPlaneta
Av. Diagonal 662-664, 08034 Barcelona
www.geoplaneta.com – www.lonelyplanet.es

Lonely Planet Global Limited
Lonely Planet Global Limited, Digital Depot,
The Digital Hub, Dublín D08 TCV4, Irlanda
www.lonelyplanet.com
Contacta con Lonely Planet en: lonelyplanet.com/contact

Nápoles de cerca
1ª edición en español – noviembre del 2024
Traducción de *Pocket Napoli*, 2ª edición – junio del 2024

Editorial Planeta, S.A.
Av. Diagonal 662-664, 7º. 08034 Barcelona (España)
Con la autorización para la edición en español de Lonely Planet Global Limited, Digital Depot,
The Digital Hub, Dublín, D08 TCV4, Irlanda

ISBN: 978-84-08-29170-1
Depósito legal: B. 9.926-2024
Impresión y encuadernación: Estella
Printed in Spain – Impreso en España